優秀不是逼出來的！

陳金平 著

孩子的大腦也有「燃點」

以內在動機取代外部強迫！

從依賴到自律，打造孩子的終身成長力

從「要我學」變成「我要學」
信任與鼓勵勝過指責與壓力！
給孩子空間與支持
讓他們真正學會獨立思考與面對挑戰

目錄

- 內容簡介 ………………………………………… 005
- 前言　每個孩子都擁有潛在的卓越能力 ………… 007
- 第一章　內在動力——孩子自發前行的關鍵 …… 011
- 第二章　點燃夢想，讓孩子擁有持久的行動力 … 033
- 第三章　改變觀念，幫助孩子建立正確的自我認知 055
- 第四章　掌握方法，讓孩子從被動轉為主動 …… 069
- 第五章　有效約束，培養孩子的自律與自覺 …… 097
- 第六章　減少質疑，被信性的孩子才有主動性 … 113
- 第七章　重視計劃，有條理的孩子更有執行力 … 131
- 第八章　關注人際，好人緣讓孩子更積極主動 … 149

目錄

▧ 第九章　重視閱讀，從優秀作品中汲取成長能量⋯⋯ 169

▧ 第十章　給予自由，讓孩子能夠主動探索⋯⋯⋯⋯⋯ 189

▧ 後記⋯⋯⋯⋯⋯⋯⋯⋯⋯⋯⋯⋯⋯⋯⋯⋯⋯⋯⋯⋯⋯ 209

內容簡介

　　愛爾蘭詩人葉慈（William Bulter Yeats）說過一句話：「教育不是注滿一桶水，而是點燃一把火。」想要點燃這把火，需要一種力量，而這種力量，就是內在動力。內在動力確實是一種奇妙的力量，在內在動力的驅使下，孩子不僅會進入一種自發努力的狀態，還能引發動機，促成行為的實現。本書從了解內在動力、點燃夢想、改變觀念、掌握方法、有效約束、少些質疑、重視計劃、關注人際、重視閱讀、勇於放手 10 個方面著手，為家長提供了切實可行的方法和工具，以成功喚醒孩子的內在動力，使孩子變得更優秀。

內容簡介

前言
每個孩子都擁有潛在的卓越能力

諾貝爾經濟學獎得主、美國心理學家赫伯特・西蒙（Herbert Simon）在自傳中寫道，他「完全靠自己掌握著自己的教育，很少向別人徵求意見」。可見，要想讓孩子提升主動性，關鍵還是在於他們自己。

為了取得好成績或者將事情做好，孩子們都在做著不同程度的努力，可是如果這種努力只是一種表象，而非源於內心的熱情、喜愛、探索和追求，孩子就容易受外部環境的影響。在孩子的成長過程中，僅依賴外部的評價或物質獎賞是遠遠不夠的，孩子應該更加理性地自省、自控、自我調整，獲得自我成長。

個人的能力猶如海面上的冰山，我們只能看到露出表面的10%，而不易發現剩下的90%。雖然每個孩子都有巨大的潛能，但是他們依然需要不斷地培養和引導；否則，潛能和才能就會像鮮花一樣，最終枯萎、凋零。

激發孩子的潛能需要用正確的方法，而不是一味地施壓。點燃孩子對知識的渴望，驅動他們主動學習，主動汲取知識，是家庭教育的最高境界。想要將這把火點燃，需要一種力量，這種力量就是內在動力。

前言　每個孩子都擁有潛在的卓越能力

　　內在動力是在需求的基礎上產生的一種內部喚醒狀態或緊張狀態，可以推動有機體產生一定的行為，滿足需求。簡而言之就是，如果一個人身上缺少了某種東西，就會感到很難受，繼而推動自己去做點事情。對孩子而言，唯有發現了自我價值，才能意識到主動學習帶來的益處；而當孩子開始主動學習時，其內在動力就會促使他們積極主動地汲取知識，探索未知，真正進入主動學習的狀態，深刻體會知識帶來的成就感，對知識產生渴望……這種驅動力通常是無意識的，但很多時候，它會被一些不當的教育手段破壞，比如：額外的壓力、過度的懲罰或獎勵等，有些來自家庭，有些來自學校和社會。

　　初生嬰兒還睜不開眼睛時，就會伸開小手到處探索，抓抓這個，摸摸那個。這種與生俱來的內在動力驅使他們去了解這個陌生的世界。待孩子長大後，家長和學校為了引導他們學習，使用了一些不合適的懲罰或獎勵方式，致使內在動力逐漸被外在動機所取代。

　　美國史丹佛大學和密西根大學的兩位心理學家做過一個著名的「畫畫實驗」。

　　工作人員召集了 20 個年齡為 3～4 歲的對繪畫感興趣的學齡前兒童，將其隨機分配到兩個小組中，每個小組 10 人。

　　小組甲中，孩子們被告知，如果他們接受畫畫，訓練十分努力，並且畫得也很好，就能得到一份帶有金色印章和緞帶的證書。

小組乙中，孩子們被告知，他們選擇畫畫作為自己的興趣非常正確，希望大家認真對待，畫畫訓練並不會得到任何獎勵。

經過一段時間，心理學家發現：小組甲中的孩子主動性下降；小組乙中，孩子們自發作畫的時間比較長，作品也更富有美感。原因何在？因為小組乙中的孩子都願意主動畫畫，對畫畫有著濃厚的興趣；而小組甲中的孩子，對獎勵的渴望遠大於對畫畫的喜歡，他們是消極的。

內在動力的巨大作用，由此可見一斑。

那麼，家長如何喚醒孩子的內在動力呢？本書從了解內在動力、點燃夢想、改變觀念、掌握方法、有效約束、少些質疑、重視計劃、關注人際、重視閱讀、勇於放手10個方面，為讀者提供了方法和工具。案例典型，分析深入，方法得當，工具切實可行……是一本不可多得的育兒工具書。

記住，只有喚醒孩子的內在動力，他們做起事情來才能更主動，才能更大程度地發揮自己的創造力，即使沒有家長的關注和約束，他們也能憑藉內在動力，約束自己的行為，使自己變得更優秀。

前言　每個孩子都擁有潛在的卓越能力

第一章

內在動力——
孩子自發前行的關鍵

第一章　內在動力─孩子自發前行的關鍵

眾所周知，個人的行為會受到需求的支配。當個人開始積極地去做某件事情時，無論是理性選擇還是感性選擇，內心深處都會產生一種驅使行為產生的信念或力量，都會對這件事產生一種最深的渴望。這種「渴望」，便是內在動力！

我們總能注意到，國中階段成績始終名列前茅的孩子通常都不需要他人的督促，他們之所以能取得優秀的成績，主要依賴的還是自主式的勤奮學習。到了高中階段，孩子的年齡和認知能力逐漸成長，再加上知識的難度的增加，老師和家長的督促作用顯得越來越弱，孩子的內在動力發揮著更加重要的作用。只有內在動力較強的孩子，才能提升學習的積極性，主動解決問題，取得理想的成績。

培養孩子的內在動力對他們的學習和生活有百利而無一害。正如荀子對君子「慎獨」的要求一樣，即使在無人監管、無壓力的環境下，君子也能嚴格要求自己，行為端正，不散漫無忌。其實，這也是提升孩子內在動力的真正意義。

▍內在動力到底是什麼？

一位家長和自己的朋友有過這樣一段對話。

家長：「我家的孩子只要一到假期，都會先瘋玩半個月，大人不在旁邊看著他，他就不知道學習。往往只有臨近開學，他

內在動力到底是什麼？

才會廢寢忘食地寫作業，那種幹勁，連我都想誇讚他。可是，平時的他，根本就不會這樣，我都不知道該怎麼辦。」

朋友：「不止你家的孩子，好多孩子也都這樣。只要一說到學習，總能找到各種理由拖延，能拖就拖。他們根本就不知道，對於他們來說，最主要的是學習，應該主動學習。」

家長：「我家就一個孩子，真煩惱啊！我都長白頭髮了！你是不是有什麼好辦法？」

朋友：「我也不知道怎麼辦，我家的孩子今年上國一，我也是頭痛得很。」

現實中，這樣的對話經常出現，多數家長都只是發發牢騷，很少有人能找到具體的解決方法。其實，要想孩子主動學習，關鍵還是要靠他們自己驅動。

孩子通常都無法控制自己的行為，容易受到各種誘惑，迷失方向。只有內在動力較強的孩子，才會遠離與學業無關的事情，有目的和計畫地進行自己的學習活動。

家長通常比較羨慕「資優生」，這類孩子既不耽誤玩耍，又擁有優秀的成績。他們是如何做到的？關鍵在於他們有內在動力。那麼，究竟什麼是內在動力呢？

某棟房子一層住著一位老人，他一個人生活，每天吃完晚飯，就會安靜地坐在門口乘涼。

不知道從什麼時候開始，一群小男生放學後，每天都跑到他家門口的空地上踢足球，又喊又叫。老人上了年紀，喜歡安

第一章　內在動力─孩子自發前行的關鍵

靜，無法忍受這種吵鬧。

老人客氣地把孩子們叫過來，問他們能不能不要在門口踢足球。沒想到，為首的孩子一口回絕：「我們最喜歡踢足球了，不關你的事。」孩子們不僅沒有離開，喊叫聲反而更響了。

老人萬分苦惱，跑去找朋友傾訴。朋友替他出了個主意，雖然他半信半疑，但沒有別的辦法，只能試一試。

第二天，老人再次將孩子們叫過來，跟他們說：「我向你們道歉，昨天不應該趕你們走。這樣吧，你們好好踢足球，最終獲勝的那一隊，我獎勵每人30塊錢。」

孩子們一聽有獎勵，都高興壞了。為了贏30塊錢，大家使出渾身解數，拚命地踢足球，最後獲勝的小隊每人贏得30塊錢，開開心心地走了。

第三天，孩子們似乎更亢奮，踢得也更賣力，經過一通大汗淋漓的比賽，終於選出了優勝小隊。他們笑嘻嘻地來到老人面前，結果老人只給了每人10塊錢。雖然比前一天少了，但孩子們覺得也不錯，仍然心滿意足地走了。

第四天，孩子們踢得更加用心。當獲勝的一隊去找老人時，老人表現出很為難的樣子，說：「你們的確踢得不錯，但是我已經沒什麼錢了，今天只能給你們每人3塊錢。」

孩子們聽了惱羞成怒：「我們踢得這麼辛苦，你才給這麼一點錢，是打發乞丐嗎？以後我們再也不來你這踢球了。」

從那以後，孩子們再也沒有來過，老人的生活也恢復了寧靜。

在故事中，老人的獎勵變成驅使孩子踢球的動力。為了得到老人的獎勵，孩子們努力踢球，但當獎勵越來越少的時候，孩子們就感到不滿意了，自然就不願意再踢球了。

這就是內在動力減少的典型例子。

在孩子的成長過程中，內在動力強大，才能有效地自我約束；僅靠外界的驅動，孩子的主動性就無法發揮出來。只有具有強大的自我約束力，孩子們才能與優秀為伴。

威逼孩子學習，孩子會認為學習是為爸爸媽媽而學，不會產生自主學習的動力。家長要培養孩子的內在動力，讓孩子自主學習，愛上學習，讓學習成為孩子自己的事情。為了提升學習成績，而一味地催促、脅迫孩子，時間久了，就會破壞親子關係，家長也會束手無策。

一、內在動力究竟是什麼？

愛爾蘭詩人葉慈說：「教育不是注滿一桶水，而是點燃一把火。」只有點燃孩子對知識的渴望，培養他們主動學習，擁有主動汲取知識的熱情，才能達到教育的最高境界。

那麼，究竟何為內在動力？其實，內在動力是在需求的基礎上產生的一種能夠從內部喚醒有機體，使其處於緊張狀態的

第一章　內在動力—孩子自發前行的關鍵

力量,其可以推動個人活動,滿足個人需求。簡單來說就是,當一個人缺少什麼東西了,就會感到很不舒服,這種缺失感會推動這個人做點事情。

內在動力與「需求」是同義詞,可以替換使用。但嚴格來說,需求是一種主體感受,而內在動力卻是作用於行為的一種動力。兩者狀態不同,又緊密相關。需求是產生內在動力的基礎,內在動力是需求尋求滿足的條件。

內在動力決定動機的方向和大小。稻盛和夫說過:「真正決定一個人命運的,是強大的內在動力。」內在動力與動機的關係,就像孩子主動性和行為的關係,即內在動力影響著孩子的行為方向。

有一句話叫做「蜜糖與鞭子」,這句話的意思是,你聽話,我就獎勵你;你不聽話,我就懲罰你。獎勵和懲罰也是一種驅動力,但它們屬於外部驅動力,跟內在動力比起來,外驅力有以下幾個問題。

(1) 不具有延續性。有了獎勵和懲罰,孩子就可能行動;一旦沒有,孩子立刻就會停止行動。

(2) 責任無法轉移。學習是孩子的事情,也是孩子的責任,採用獎勵和懲罰等辦法,很容易把這種責任轉嫁到父母身上,孩子會覺得學習是為了父母,如此,投入的程度自然就不高了。

(3) 半衰期太短。父母把獎勵和懲罰當成籌碼,當這個籌碼

變得無效時，必須不斷增加籌碼，才能繼續推動孩子學習。如果滿足不了孩子，那時該怎麼辦？

相比外在動力，內在動力主要有這樣幾個好處。

（1）參與度高。具有較強內在動力的孩子，認為學習是自己的事情，是自己的責任，會自覺自願地投入，不在意任何獎勵和懲罰。

（2）行動持久。孩子把學習當成滿足自身需求的事情，就會持續不斷地行動。孩子越學越投入，就會不斷探索新知，不斷挑戰難題。

（3）成就感足。沒有獎勵和懲罰的籌碼，一旦孩子有所突破，內心就會覺得非常滿足，更享受這種成功的喜悅。

二、奧蘇伯爾對內在動力的分類

美國認知教育心理學家奧蘇伯爾（David Ausubel）認為，內在動力可以分為三種。

1. 認知內在動力

認知內在動力是一種源於學習者自身需求的內部動機，要透過個體不斷地取得成功而展現出來。孩子都渴望理解和掌握知識，這是他們自覺地好好學習的力量。

好好學習的內在動力有好奇心、「有收穫的」預期、社會關係和外部環境，產生於三個方面的動機，如表1-1所示。

第一章　內在動力—孩子自發前行的關鍵

表 1-1　好好學習的內在動力的動機組成

內在動力	動機
好奇心	孩子從出生的那一刻起,就具有探索的好奇心。這是學習的潛在動機。
「有收穫」的預期	可以透過學習,成功獲得知識和技能。
社會關係和外部環境	身處鼓勵學習、重視學習的大環境(家庭環境和社會環境),也可以促使孩子學習。

2. 自我提升內在動力

所謂自我提升的內在動力,就是透過自身努力,勝任一定的工作,做出一定的貢獻,取得一定的成就,贏得一定的社會地位。簡而言之,就是我們所說的上進心。

從長遠來看,自我提升的內在動力是一種追求「成就」的動機,可以促使孩子把學習目標指向將來要從事的職業和成就的遠大理想。在學習期間,這種動機會使孩子們努力追求優秀的學習成績。

自我提升內在動力是激發孩子努力學習的重要動力泉源。跟「認知內在動力」相比,認知內在動力是一種直接的學習動機,自我提升內在動力則是間接、但更持久的學習動機。

在教育孩子時,培養孩子樹立崇高的理想和遠大的抱負,是激發孩子自我提升內在動力的有效方式。但是,過分強調「自我提升」的內在動力,也會助長孩子功利主義的傾向,使孩子過分追求成績和名次,降低獲取知識的興趣。

要將「自我提升內在動力」和「認知內在動力」結合起來，讓它們一起發揮作用，促進孩子熱愛學習。

3. 附屬內在動力

附屬內在動力是指個人為了持續獲得年長者或權威人士的讚許和認可，表現出來的一種認真學習的需求。比如，孩子會為了贏得家長和教師的讚許而努力學習。

附屬內在動力具有比較明顯的年齡特徵。在年齡較小的孩子身上，附屬內在動力是學習的重要驅動力。隨著孩子年齡的增長和獨立性增強，附屬內在動力不僅會在強度上減弱，也會從師長身上轉移到同伴身上。到了青少年時期，同伴的讚許或認可將成為一種有力的動機。

簡而言之，內在動力的分類可以概括為三句俗話：

好好學習（認知內在動力），天天向上（提升內在動力），獲得嘉獎（附屬內在動力）。

▍讓孩子相信自己擁有變好的力量

愛默生（Ralph Waldo Emerson）告訴我們，自信是成功的第一祕訣。內在動力是讓孩子獲得自信的力量之一。只要孩子相信自己的力量，深信自己一定能成就某件事，就能驅動自己積極努力，實現追求的目標。

第一章　內在動力——孩子自發前行的關鍵

1978 年，一位教授做過這樣一個實驗。

工作人員找來一群孩子玩拼圖，觀察他們的行為和情緒反應。開始時的拼圖很簡單，後來變得越來越難。實驗之前，教授就預料到，孩子面對困難時會有不同的反應。不出所料，伴隨著拼圖難度的增加，有些孩子開始抗議：「現在一點都不好玩了。」後來，有的孩子實在受不了了，要「放棄」，甚至直接將拼圖扔到地上。

他沒預料到的是「成功孩子」的表現。看到拼圖越來越難，一個 10 歲的男孩拉來一張椅子坐下，搓著雙手，大喊一聲：「我喜歡這個挑戰。」還有一個孩子則露出喜悅的表情，直截了當地說：「你知道嗎？我期待這個拼圖會非常有趣。」

為什麼兩類孩子在面對困難時會有如此大的不同？智商並不是最根本的原因，且不可改變。教授進一步發現，孩子之間的最大的差異在於內在動力，自我內在驅動力的不同，導致孩子們做出了不同的反應。

周女士的父母雖然教育程度不高，卻將三個孩子都培養成了大學生。後來姊妹三個都已經成家立業，每次只要一提起母親，她們都會想起母親和其他家長的不同。

在他們住的地方附近種著很多樹，有幾棵年代久遠，長得很高，孩子們總喜歡沿著樹爬上爬下。大人經過這裡，看到孩子們爬樹，一般都會喝斥：「快下來，快下來，不然會摔斷腿的。」而周女士的母親卻不這樣。

有一天,姊妹三個和一幫小朋友在樹上玩得痛快,她們還伸出腳丫子在樹枝上搖來晃去。到了晚飯時間,媽媽出來找她們吃飯,正好從這裡經過。她們趴在樹上,看到母親,嚇壞了,結果媽媽居然對著她們大喊:「沒想到你們還能爬這麼高,太棒了!小心別掉下來。」姊妹三個陸續從樹上爬下來,跟著母親一起回家。

一個男孩情不自禁地輕呼:「哇,妳們的媽媽真是太棒了!」她們從同伴的語氣和眼神中看到了驚訝和讚嘆,知道大家都羨慕她們有一個與眾不同的媽媽。

她們也慶幸自己有一個好媽媽,也為有這樣的媽媽感到自豪。

案例中雖然是一件小事,卻反映出對待孩子的兩種截然不同的態度。前面家長的態度會扼殺孩子的好奇心和求知欲,不利於孩子自信心的培養;而周女士的媽媽卻懂得孩子的心思,她的做法有利於保護孩子的探索精神,有利於培養孩子的自信心。父母在養育孩子過程中的加持,對孩子的內在動力有一定的影響。

一、內在動力對孩子的重要影響

學習的欲望不是靠別人給予的,而是孩子從自己的內心產生的,這種行為其實就是內在動力。學習中總是勤奮和認真的孩子,內心多半都對學習有一種獨特的熱情和堅持,甚至還能

第一章　內在動力─孩子自發前行的關鍵

在學習中獲得很多快樂。

可見，擁有強大內在動力的孩子，不需要父母的鞭策，就完全可以自主學習。

1. 幫助孩子發現自我價值

所謂自我價值，就是個人對社會做出貢獻之後，社會和他人對個人表達肯定並給予一定的回報，這種回報，包括獲得尊嚴，以及一定的物質和精神條件。自我價值的實現，需要以對社會的貢獻為基礎，以答謝社會為目的。

幼年，孩子的自我價值是透過父母的接納、肯定、承認、讚美、表揚、鼓勵等方式逐漸建立起來的，其核心是自尊。當自我價值感很強的時候，孩子就會表現出自我完善的欲望，表現出向上向善的本性；如果自我價值為零，就會啟動自我毀滅程序。

如果孩子有很強的內在動力，那麼無論做什麼事情，都心甘情願，事情往往都能做得很好，也能更好地回報社會或創造屬於自己的價值。

2. 有助於孩子形成自覺性

內在動力強的孩子，在學習的時候，一般都非常專注，完全沉浸於當下的學習任務，完成之後，還會產生一種充滿能量的滿足感。

在內在動力的影響下，孩子也會產生很強的自主性，他們

不會把學習當成一種任務，而是當作興趣。他們會嚴格要求自己，不會半途而廢。

3. 孩子更容易取得成就

有個女孩小時候被父親強迫練習鋼琴數年，一直考到七級。從那之後，她就很少再碰鋼琴了。成年後，她喜歡上了打羽毛球。沒人強迫她，她卻不斷精進，拿了很多業餘大獎。打球越久，她越喜愛羽毛球，訓練也就成了她生活的一部分。

同一個人身上的兩次「堅持」，對堅持做了最好的詮釋。只有帶著熱情的、自我驅動的堅持，才能取得成就。天賦固然重要，但僅有天賦而沒有內在動力，也無法取得理想的成績。從這個意義上來說，內在動力是把天賦提升到另一個高度的助推力。

成就卓越需要熱情與堅持，二者缺一不可。對堅毅的最好詮釋是：「做你所愛的事，並持續地去愛。」小小的內在動力能夠幫助孩子獲得大大的成就。

二、孩子內在動力不足的原因

孩子之所以內在動力不足，主要原因不外乎這樣幾個。

1. 沒有養成良好的習慣

興趣是最好的老師，好的習慣是最好的助力。孩子養成了好習慣，就能提醒並督促他們全身心地投入，然而有的家長卻

第一章　內在動力—孩子自發前行的關鍵

並不重視。比如，孩子小時候，被媽媽送去學習舞蹈，因為需要壓腿、下腰，會感到疼痛，孩子不想學。開始的時候，家長可能會鼓勵孩子堅持，但持續的時間長了，孩子可能會曠課，甚至慢慢不去上課。久而久之，孩子就會養成遇到難題就半途而廢的不良習慣。這種隨意半途而廢的想法一旦根深蒂固，以後即使遇到一點困難，孩子也不會主動督促自己努力堅持了。

2. 沒有強烈的歸屬感

歸屬感強的孩子，會自發地為實現團體的榮譽而努力，這種動力就是內在動力。

父母不善於表達愛，即使孩子遇到困難，父母也不會說「我愛你」等關心之類的話。這時候，孩子就會覺得父母不愛自己，做事情也會有所鬆懈。

所以，為了激發孩子的內在動力，父母不管在言語上還是在行動上，都要讓孩子覺得有歸屬感。有了歸屬感，孩子才會有實現自我價值的基礎。

3. 缺少自我價值感

自我價值感是個人對自己能力的肯定。價值感越高，越覺得自己重要，自律性也就越高，內在動力就越強。孩子的價值感來源於父母的肯定。而現實生活中，一些父母扮演著「監工」的角色，只注重結果，只要孩子所做的事情達不到要求，就會

對孩子發脾氣或置之不理；即使孩子進步了，也不說一句肯定的話語。如此，就會使孩子的自我價值感缺失，內在動力消退。

喚醒孩子的內在動力，優秀也能成為一種習慣

作家林清玄曾說：

我是一個從小被喚醒了內心種子的人，小學三年級就立志當作家。我堅持每天寫字：小學時，每天寫500字；中學時，每天寫1,000字；高中時，每天寫2,000字；大學時，每天寫3,000字。一直堅持，我在17歲開始發表作品，一生出版了100多本書。

學習懶散、做事拖拖拉拉、過一天算一天，缺少內在動力的推動，對自己沒有良好的認知，自然也就不能取得成績，更不可能變得優秀。

內在動力是個體自發產生的一種具有驅動效應的力量，具備內在動力的孩子不會輕易被外界挫折所阻礙，也不會被別人的聲音所左右，他會把所有力量都放在如何更好地前進上。

在職業越野機車圈，女車手少得可憐，因為這個運動異常危險。

車輪滾滾，渾身泥濘，男車手感到很好奇，問一個女孩：「妳怎麼會喜歡這個？女生不是都喜歡可愛的東西嗎？」

第一章　內在動力—孩子自發前行的關鍵

女孩沒有回答,但心裡默默地回了一句:「因為喜歡!」

女孩剛學騎摩托車時,媽媽覺得:「女孩子怕痛,她試試,就會知難而退了。」結果,女孩一堅持就是一年多。

後來女孩摔傷頭,直接休克。媽媽禁止女兒再練,但女孩堅持要繼續。以她目前的成績,參加女子比賽,很可能會拿冠軍。但遺憾的是,女子比賽越來越少,她只能參加男子比賽。男子級別分為 AB 組,她的成績大概位於 B 組的前四。成績並不耀眼,女子很難在男子賽車比賽中脫穎而出,但女孩表示:「未來我會一直把它當作職業。」

看到這樣的孩子,多數家長都會心裡難受,自家孩子怎麼逼都不願意學習,別人家的孩子卻反推著父母支持,到底怎樣才能把孩子培養得這麼好?其實,這裡發揮巨大作用的就是內在動力。

對外總是表現得努力勤奮的孩子,如果「內心動作」並不是源於熱情、喜愛、探索和追求,那麼很可能是被某種外部評價或客觀物質的獲取而驅動,因此,孩子那些表象中的堅持和努力並不能證明他已擁有了強大的內在動力。

培養孩子的內在動力,一定要有喚醒孩子的「內心」的動作,而非僅僅是表象動作。

也就是說,把「要我學」變成「我要學」,把外界的壓力轉變為內在、向上的能量。引爆孩子內在動力的方法有以下幾個。

1. 把選擇權還給孩子

如果父母的控制欲太強,那麼不僅會讓自己感到焦慮,還會讓孩子陷入焦慮。控制欲太強的父母,往往會培養出沒有方向和目標、自我管理能力差、喪失「內在動力」的年輕一代。研究顯示,只有讓孩子覺得自己能夠主導生活,才能產生真正的自主能動性。不管是學習,還是生活,父母都要把掌控權還給孩子,並清楚地告訴他們:學習是自己的事,要對作業和成績負責。擁有「掌控自己人生」的選擇權,才能擁有更強的內在動力!

2. 用賦能、喚醒和愛滋養孩子

與其用打壓式教育為孩子的人生蒙上陰影,不如讓賦能、喚醒、愛成為孩子成長的底色。孩子最大的信心來源於父母的賦能、肯定和看見。受到的肯定越多,孩子的行為和性格會越好。有教育專家曾經說過:「對孩子的一次喝采,勝過百次訓斥。賦能、喝采和鼓勵可以讓自卑的孩子走出泥沼。」對於孩子來說,父母的賦能、喝采和鼓勵意味著肯定,孩子會因此充滿自信和前進的動力,讓自己變得更優秀。

3. 了解興趣,重視孩子的隱形需求

激發內在動力需要興趣做引導,在日常生活中,家長要多觀察孩子,了解孩子感興趣的事情;可以透過孩子感興趣的事,引發他們的積極性。

身為一個生命體,個人除了生存發展的本能需求外,心理

第一章　內在動力—孩子自發前行的關鍵

需求是隱形的，但不容忽視，有著巨大的影響力。

父母不僅要幫助孩子培養學習的內在動力，還要強化孩子在學習過程中積極、正向的心理感受。讓孩子在一次次進步中感受到自己的能力，感受到自身的力量，建立真正的自信，並獲得更好的內在動力。比如，寫作業的時候孩子說「我不想寫」。聽到這句話，家長先不要生氣，既然孩子不想寫，一定有不想寫的原因，不如聽聽孩子的想法。問問孩子是不是在學校中遇到了什麼問題，或者孩子是不是有什麼其他想法。

4. 幫助孩子找到興趣

村上春樹說：「喜歡的自然可以堅持，不喜歡的怎麼也長久不了。」喜歡是一切的原動力，一旦喜歡某件事，無論怎麼樣，孩子都願意奉獻，並甘之如飴。世界之大，充滿各種可能性，應該鼓勵孩子多去嘗試。只有大膽走出去，才能慢慢找到內心熱衷的事物。父母要給孩子自由。不管孩子做什麼事情，都不要任意干涉，讓其先投入一段時間試試。了解是喜歡的前提，等孩子對事物有了一定的認知，再談是否喜歡。

5. 多讓孩子體會自主感

孩子在成長的過程中，家長不應該對孩子進行過多的干涉和保護，適當放手才是對孩子最好的愛。面臨選擇時，要盡量讓孩子做主，因為孩子只有自己能做主，才能獲得自主感。什麼事都替孩子做決定，孩子永遠也長不大。

6. 多讓孩子體會自我勝任感

自我勝任感也叫自我價值感,是指個人在做成功某些事的時候獲得的一種積極的自我價值感受。如果孩子什麼事都做不成,自信心就會受到打擊,就不願意嘗試和努力了。相反,如果他總是能做成事,自我勝任感就會很強,就會更積極主動。所以,想讓孩子有更多的內在動力,家長就要幫助孩子多體會成功的感覺。孩子經常能從自己做的事中體會到成就感和勝任感,做事就更有衝勁了。

7. 給孩子正面的回饋

獲得正面的回饋,孩子就會發生一系列的變化,會感到自豪、愉悅、快樂。孩子內心得到滿足,就能產生良好的表現。這種表現是自發的,不需要藉助外力,孩子會越做越好,會覺得自己很棒,很有成就感。因此,當孩子自發地學習或做一件事情的時候,父母要及時給予正面回饋,讓孩子獲得成功的經驗,在成功經驗中孩子獲得良好的感覺,並且知道自己這麼做是對的,進而把有效的行為進行固化。

8. 幫助孩子樹立良好的價值觀

從本質上來說,價值觀是長久保持學習內在動力的保證。人天生是好奇的、渴望學習的,因為只有學習,才能讓我們適應這個社會,更好地生存下去。對於人來說,能夠生存的前提就是不停地學習,學習是貫穿人類一生的活動。家長要引導孩

子相信並看到學習是有意義的,並且每個孩子對於自己、對於家庭和社會都有學習的責任。家長可以從這兩個角度,幫助孩子在價值觀上認可學習的重要性。

9. 不為孩子貼負面的標籤

很多時候父母覺得只要孩子更用心一點、更努力一點,就能學好知識。但是真實的研究告訴給我們,很多時候不是孩子不夠努力,而是由於學習技能的缺失,使他們無法從學習活動中獲得成就感,所以他們不願意學,導致能力越來越差,形成一個惡性循環。

孩子學習動力不足,家長不能簡單地歸因於懶惰、不用心、不負責任,要坐下來跟孩子一起討論,了解真正的原因。

對於長期的有延續性的內在動力不足,家長要去尋求專業機構的幫助,盡快幫孩子解決問題。

10. 鼓勵孩子在生活中探索

孩子良好內在動力的形成,離不開家長的觀察和發現。家長要求孩子不停地寫習題,不如和孩子一起進行多樣的親子活動,在活動中進行提問,誘發孩子思考,再引導孩子找到解決方法。引導孩子在實踐中尋找答案,是喚醒孩子對知識好奇的一個重要因素。

課堂學習只是孩子生活中的一部分,家長要想讓孩子對學習保持長久的內在動力,就不要把目光只放在學習和學業上。

學習，在生活中處處都有。父母透過有效的提問，引導孩子對問題展開深入探究，激發孩子的好奇心，讓生活中的事情都能成為學習的對象。

如果孩子在生活中的好奇和探索得到家長的肯定與支持，那麼孩子就能產生更高的、更持久的、更深遠的學習內在動力。

11. 允許孩子有自己的熱愛

孩子小時候，對於一些事物的熱愛是與生俱來的。比如，蹲在地上看螞蟻，一看就是大半天；喜歡玩小汽車，家裡百分之九十以上的玩具都是小汽車；喜歡組積木，可以坐在地上組半天。

孩子做這些事情，會沉浸其中，非常享受。但是，多數家長只希望孩子熱愛那些對成績有幫助的事物，不停地糾正孩子，慢慢地孩子也就放棄了自己真正的興趣，最重要的是對自己的想法、自己的行為產生了懷疑。

孩子的一些熱愛，被父母在慢慢的糾正與嘮叨中隨風而逝，而孩子對父母認同的事物又沒有興趣，漸漸地孩子也就沒有追求自己感興趣的事的熱情了，孩子的內在動力就這樣慢慢消失了。

12. 允許孩子適時退出

所謂的熱愛，都需要有所經歷才能發現。所以，如果孩子嘗試後，發現自己真的不喜歡，那麼家長千萬不要逼孩子繼續

第一章 內在動力—孩子自發前行的關鍵

堅持，要允許孩子退出，以免孩子在不擅長、不喜歡的地方遭受太多的挫折，創造了更多的不良感受。如此，孩子的心態才能放鬆下來，也會勇敢面對下一次嘗試。但是，退出之前，父母要做到以下兩點。

（1）確保孩子確實努力過，可以設定一個看得到的小目標。

（2）要與孩子總結退出的原因，比如，跟不上老師的傳授方式、不喜歡一起學習的小朋友、不滿意自己的進步、需要更多的練習、感到學習單調等等。同時也要讓孩子面對放棄的結果，讓孩子在行為與結果之間建立連結。

第二章

點燃夢想,讓孩子擁有持久的行動力

第二章　點燃夢想，讓孩子擁有持久的行動力

　　夢想，是個人努力的驅動器。孩子心中有了夢想，就會為此努力，就能提升學習或做事的積極性，更容易事半功倍。

　　每個孩子的生命裡都有夢想的種子，家長要努力發現、呵護和培養，要多觀察、多傾聽，與孩子多交流。

　　在孩子年幼的時候，就對他們進行夢想教育。從他們的興趣入手，發現他們的潛能優勢，點燃他們的「夢想」，讓他們為實現夢想而努力。

　　如果孩子的夢想與家長的期待差別較大，家長要尊重孩子對自己的「夢想」的選擇，不貶低，不蔑視。

　　孩子確定了夢想後，家長要守護孩子的夢想，陪伴孩子努力實現夢想，不要承包一切。

　　為了幫助孩子實現夢想，要設定實現夢想的路徑，制定實現夢想的里程碑，找出現實狀況與理想狀態之間的差距，再引導孩子採取必要的措施。

　　當然，夢想是個很廣泛的概念，孩子的「夢想」既不能僅為考上某所大學，也不應該是考得某個名次，要以孩子的興趣為基礎，跟孩子一起設計人生奮鬥的目標，驅動孩子實現夢想。

案例分析：沒有夢想的子騫

案例

作文課上，語文老師在黑板上寫下幾個大大的字——「我的夢想」，然後，她讓孩子們說出自己的夢想。

孩子們紛紛舉手，似乎每個孩子都有很多話要說。

即興發言之後，老師讓孩子們把自己的夢想寫下來，時間是 20 分鐘。孩子們立刻攤開稿紙寫起來。

時間一點點過去了，10 分鐘後，老師用目光掃視了一下教室，發現子騫咬著筆桿，居然一個字也沒寫。老師走下講臺，靠近子騫，拍拍他的肩膀，示意他把握時間：「為什麼不寫？」

子騫回答：「我不會寫！」

老師問：「問題出在哪裡？」

子騫低著頭，小聲說：「我沒有夢想。」

老師有些後悔，她應該在課前對夢想多做一些鋪陳，講一些瑪麗‧居禮等名人實現夢想的故事，來激發他們的想法。

老師提示子騫：「你不想做科學家嗎？」

子騫搖搖頭：「不想。」

「醫生呢？建築師？或者當一名教師……」

子騫依然搖頭。

第二章　點燃夢想，讓孩子擁有持久的行動力

老師問他：「那麼，你長大後想做什麼？不一定非得是科學家、醫生，即使做普通勞動者也行，只要是對社會有用的人。」

子騫低著頭，將整張臉都埋到稿紙上：「我什麼也不想做。」

老師接著問：「那麼，長大後，你如何養活自己？如何照顧父母？」

子騫感到有些茫然，說：「我媽開了一家花店，她說等我長大了就給我。」

老師沉默了一會，然後靜靜地看著臺下的學生：「孩子們，我要表揚子騫。首先，他非常坦誠，明白寫作就是要寫自己真實的感受，因為他現在還沒想好長大後要做什麼，所以寧可不寫。其次，他非常慎重，他一定是在尋找夢想的路途上，對嗎？子騫。」

「嗯。」子騫點點頭。

「確立夢想的確不是一天兩天的事情，要參考自己的興趣、愛好、擔當和責任等多種因素，所以即使你現在沒有夢想，也不要惶恐，要腳踏實地地學習。也許突然有一天，心中就會生出夢想。當然，只有夢想還遠遠不夠，要想實現自己的夢想，必須拿出十二分的勇氣和力氣。」

聽了老師的話，孩子們低頭開始寫作。老師走到子騫身邊：「老師重新給你一道題目，就寫『我長大想過什麼樣的生活』。你可以自由發揮，想到什麼就寫什麼。」

案例分析：沒有夢想的子騫

分析

夢想是人生的奮鬥目標，是對未來生活的追求，是對美好前程的嚮往，對個人的成長意義重大。孩子心中擁有夢想，就會朝著既定的方向前進，在學業和事業上創造出成績。而且，孩子追求的目標越高，發展得就越快，對社會也就越有益；孩子沒有理想，就會失去前進的方向和動力。

童年、少年時期是志向形成的關鍵階段，父母在這一階段抓好立志這一基礎環節，就能為孩子的人生奠定良好的根基。童年的夢想決定著孩子的未來定位，這個根深蒂固的自我定位將貫穿和影響孩子的一生。

沒有夢想的孩子，不管他的智力有多高，內在動力都不足，都無法取得理想的成就。現實生活中，很多有真才實學的人最終淪為平庸，主要原因就在於，他們不管做任何事情，只要達到一定的高度就容易滿足，不再有進取之心，無法再爬上新的臺階。而從小志向遠大的孩子，不管做任何事，都不會滿足於現狀，他們渴望追求完美和最高境界，取得一定成績後，總有更上一層樓的決心和氣概。這樣的人不成功於此，必成功於彼。

曾有人說過：「我們因夢想而偉大，所有的成功者都是大夢想家：在冬夜的火堆旁，在陰天的雨霧中，夢想著未來。有些人讓夢想悄然絕滅，有些人則細心培育、維護，直到它安然度過困境，迎來光明和希望。而光明和希望總是降臨在那些真心

相信夢想的人身上。」因此，為了提升孩子的內在動力，父母千萬不能錯過孩子夢想教育的最佳時期。

夢想的背後掩藏著眾多「幸運」

夢想，其實是一個老生常談的話題。至於對它最直觀的評價，有一位家長曾說：「養個有夢想的孩子至少能為家長省五百萬元。」這句話雖然說得有些誇張，但也有一定的道理。因為孩子心中有夢想，就會對很多事情有主動的求知欲，會認真規劃自己的未來，堅定地朝著目標前進，對生活充滿熱情。

夢想的背後，隱藏著許多深意，包含著許多動力。

一、失去夢想的孩子缺少前進的方向

為了夢想而活、有夢想可以追尋的人是幸福的，「為人類的發展而讀書」何嘗不是一種對夢想的執著和追求？

有夢想的孩子，才能有目標，才能提升做事的主動性，生活才能有意義。

為什麼孩子不愛學習？怎樣才能讓孩子變得愛學習呢？孩子不愛學習，並不是因為他天生不適合學習，而是因為對於學習，他沒有明確的目標，倦怠之心被勤奮淹沒了。

夢想的背後掩藏著眾多「幸運」

男孩身上沒有太大的缺點,就是沒有志向。有一次,媽媽問他,對今後有沒有什麼規劃。男孩是這樣回答的:「除了混吃等死,我什麼都不想,因為我嫌累!」沒想到孩子會說出這樣的話,媽媽感到很驚訝,為什麼孩子沒有志向?

其實,生活中這樣的孩子並不少見,很多孩子表現出來的樣子就是胸無大志。為什麼會這樣?歸根究柢,還是跟他們夢想的缺失有關。

現在社會出現了很多「佛系青年」[01],他們生活隨意,不看重身邊的一切,雲淡風輕,口頭禪基本就是:「就這樣吧,算了,還可以,我覺得滿好的。」

一位協助孩子進行大學志願填報的老師記錄了自己與某位學生的對話:

老師問:「同學,你喜歡什麼?」

孩子茫然地說:「沒什麼特別喜歡的。」

老師問:「想學什麼?」

孩子再次茫然地說:「我也不知道。」

老師問:「對自己的未來規劃是什麼?」

孩子還是感到一陣茫然:「不知道啊。」

老師問:「你有夢想嗎?」

孩子回答:「都說夢想很豐滿,現實很骨感,要夢想做什麼?」

---

[01] 網路流行詞,指追求平和、淡然生活方式的年輕人。

第二章　點燃夢想，讓孩子擁有持久的行動力

「我想擺爛。」

……

可以想像，這位學生多半也會成為「佛系青年」中的一員。

佛系青年追尋的是一種超越物質的終極價值所在。但如果孩子也變得「佛系」，那麼他們可能徹底迷失，徹底喪失追求夢想的動力，家長再回過頭來跟他們談夢想，意義就不大了。

對於父母來說，讓孩子擁有看得見的夢想，陪著他們一同守護夢想，比單純追求分數、課本知識重要得多。

史蒂芬‧霍金（Stephen Hawking）雖然是一個身障者，不能說話，不能走路，也不能寫字，卻成為最偉大的科學家之一。史蒂芬‧霍金說：「人若沒有夢想，不如去死。」沒有夢想，個人就會失去動力，沒有方向，也就沒有希望。很多孩子的學習沒有動力，眼睛裡充滿了迷茫，主要原因就是沒有夢想，不知道學習究竟為了什麼。

孩子沒有目標、沒有夢想，就會失去前進的方向，如同沒有目標導向的飛機，根本不知飛向哪裡。夢想就是一束光，可以引領孩子不斷前行，消除所有的險阻。

孩子之所以胸無大志，最根本的原因是他們沒有夢想，只知道混吃等死，根本就沒有所謂的理想，只能停留在原地不動。這類孩子的顯著特點是，覺得生活是一成不變的，不想做出改變，能夠安然地過好當前的生活足矣。

他們的期待感不高，不會追尋自己想要的一切。如果父母目光短淺，孩子也會仿效父母，成為一個慵懶的人。那麼，缺少夢想的孩子到底有多可怕？

1. 生活沒有動力

沒有夢想的孩子最大的問題就是生活沒有動力，他們覺得自己的生活沒有任何意義，不會將自己的所有精力都投入當前的生活。這是非常可怕的！因為一旦喪失了生活的動力，孩子可能連人生的軌跡都找不到了。

2. 不喜歡思考

沒有夢想的孩子不喜歡思考問題，覺得安於現狀是最好的選擇。其實，人生的選擇數以千計，只是他們懶得選擇而已。這類孩子很容易被周圍的孩子超過，一輩子碌碌無為。

3. 行為懶惰

沒有夢想的孩子會伴有懶惰的行為，不知道如何填補自己空白的人生，只會停留在原地，不作為。

二、有夢想的孩子，擁有無窮的力量

一棵大樹的種子和一個豆子的種子一起躺在泥土裡，離得不遠，都剛剛發芽。不過，豆子的種子長得特別快，莖葉非常茂盛；大樹的種子生長得很慢，剛冒出小芽。

第二章　點燃夢想，讓孩子擁有持久的行動力

豆子看不起大樹，驕傲地說：「你看，我的葉子長得這麼茂盛，我比你長得快，也比你長得粗。」

大樹沒理會它。過了一段時間，大樹種子的芽片慢慢長大了，又長出了很多新葉子，超過了豆子的莖葉。

又過了一段時間，大樹的種子長成了小樹苗。但豆子卻枯萎了。

沒過幾年，小樹苗長成了大樹。那個豆苗好像沒出現過一樣，早已消失。

同樣是一粒種子，為什麼有的種子能長成參天大樹？有的種子只能變為一棵豆苗？同樣，為什麼有的人可以成為偉人？有的人只能平平淡淡過一生？夢想有著決定性的作用。俗話說「種瓜得瓜，種豆得豆」，在孩子的心裡種上一個世界，他就能收穫一個宇宙。夢想的重要性可見一斑。

樹立夢想是孩子走好人生之路的重要前提，是其健康成長的必要條件。只有明確了夢想，孩子才能在夢想的召喚下不斷奮鬥，克服重重的困難，取得傲人的成績。父母必須讓孩子明白，人的生命是有限的，要使有限的生命有意義，就要明確奮鬥目標，在目標的指引下沿著正確的人生道路前進。

一間大學曾做過這樣一個研究。

一群意氣風發的天之驕子即將從大學畢業。他們的智力、學歷等基本上都差不多，在踏上社會這個廣闊的天地之前，哈佛對他們進行了一次關於人生理想的調查。結果如下：27%的

人沒有理想；60%的人理想模糊；10%的人有清晰但比較小的理想；3%的人有清晰而遠大的理想。

25年以後，哈佛再次對這群人進行了追蹤調查。結果如下：3%的人，在25年間一直朝著一個方向不懈地努力，幾乎都成為社會各界的成功人士，不乏行業領袖和社會菁英。10%的人，不斷實現小理想，成為各領域的專業人士，大多生活在社會中上層。60%的人，安穩地生活與工作，都沒取得特別的成就，幾乎都生活在社會的中下層。剩下27%的人，沒有理想，沒有目標，過得不如意，常常抱怨社會，抱怨他人，抱怨這個「不肯給他們機會」的世界。

兒童心理學家認為，夢想對孩子的成長有著巨大的牽引力，鼓勵孩子追夢會使他們產生強大的內在動力。即使在追逐夢想的路上遭遇挫折，孩子也會勇敢前行。演說家安東尼‧羅賓（Anthony Robbins）說：「當你能飛的時候就不要放棄飛，當你能夢的時候就不要放棄夢。」

夢想是人生道路上的奮鬥目標，是立在遠方的一座燈塔。如果航行中不知道旅程的終點，那麼任何方向的風，對孩子來說都是逆風。夢想對孩子的影響可以概括為這樣幾個方面。

1. 有了夢想，就有了目標

孩子的學習能力和記憶力都比較強，從小培養孩子的夢想意識，孩子也就有了前進的方向，為夢想的實現打下了基礎。夢想是學習的動力，在孩子擁有夢想的時候父母要對他們進行

必要的引導，讓他們知道達成夢想需要具備什麼技能。然後，鼓勵孩子確定學習目標，朝著目標努力。

2. 有了夢想，就有了自信心

孩子沒有夢想，會沒有方向感，容易隨波逐流，一旦做錯了事情，就會感到失落，甚至自卑。有夢想的孩子則不會這樣！因為他們有清晰的方向，知道現在的狀態只是暫時的，不會因為某一次的失敗而陷入自責狀態。他們會總結失敗的教訓，更加從容地面對接下來的挑戰。他們有足夠的自信心，相信自己能夠戰勝困難，即使失敗了，也會重新站起來，繼續迎接挑戰。

3. 有了夢想，意志力才能更堅定

夢想是孩子成長道路的燈塔，在追逐夢想的道路上，孩子也能變得更堅強。只要確定了目標，他們就不會隨意動搖，會不斷努力打拚。他們不會因為旁人的嘲諷而失落，也不會因為某一次的失敗而對自己產生懷疑。他們知道，追求夢想的道路異常辛苦，只有意志力堅定，才能離夢想越來越近。

4. 有了夢想，才能動力十足

興趣是孩子堅持的最大動力，其實夢想比興趣更重要。有了夢想的支撐，孩子才能產生充足的力量，不斷向前努力。家長要做的，就是不澆滅孩子內心的這團火焰，引導他們將夢想堅持下去。

有夢、築夢、逐夢

羅伯・舒樂（Robert Schuller）有句名言：「不是每個人都應該像我這樣去建造一座水晶大教堂，但每個人都應該擁有自己的夢想，設計自己的夢想，追求自己的夢想，實現自己的夢想。有了崇高的夢想，只要矢志不渝地追求，夢想就會成為現實，奮鬥就會變成壯舉，生命就會創造奇蹟。」點燃夢想，孩子做事才能更積極，才能更加主動。

夢想實現的過程，其實就是一個有夢、築夢、逐夢的過程！

一、有夢

夢想是一粒種子，種下什麼樣的種子，就能結什麼樣的果；心懷什麼樣的夢想，就能成就什麼樣的人生。孩子就是一粒種子，心中都會懷有自己的夢想，有人喜歡當醫生，有人想當作家，有人想當老師，有人想做生意，有人想做科學研究……心懷這樣的夢想，透過不懈的努力，多半都能達成夢想。父母的主要工作就是幫助孩子了解自己，引導他們發現自己的夢想，然後在他們心中栽下一顆夢想的種子。

兩個高中生認識了一位生物學家。生物學家告訴他們，有一種瀕危的猴子，在這片土地上只有200隻。人類要了解牠們的生活習性，保護牠們。從此，兩個孩子就有了一個夢想。

第二章　點燃夢想，讓孩子擁有持久的行動力

從 2003 年開始，兩個孩子就利用寒暑假追蹤調查這種猴子。牠們平時很難看到，一些老獵人一輩子都沒看到過。他們的調查，遇到很多困難。

茫茫的原始森林，到處都是野獸和蟲子。每天在睡覺之前，他們都得先抖抖被子，看看裡面是否有蛇。早上起來，先抖抖腳，看看有沒有蠍子。

一天，兩人太累了，打算休息一下。女孩一屁股坐在地上，瞬間感覺不對，察覺腿上有東西在爬。低頭一看，原來自己坐在了螞蟻窩上……這種事情，他們遇到的不是一次兩次，只不過由於心中有一個夢想，所以信心十足，最終他們在大森林裡終於觀察到了那種猴子。

兩人發表了論文，獲得了少年科學家的獎項。最後，憑藉優異的成績，雙雙進入了心儀的知名大學就讀。

怎樣幫助孩子從小找到屬於自己的夢想呢？父母要在孩子幼小的心靈中播下各種種子，比如：文明的種子、守紀的種子、團結的種子……同時，還要播下夢想的種子。

只要細心觀察，家長就能發現孩子有天賦異稟的一面。

（1）孩子平時坐不住，但聽到音樂就會安靜下來，也許他在音樂方面有著極大的天分。

（2）孩子喜歡在紙上、牆上亂畫，不要急著責備，這樣的孩子可能有美術天分。

（3）孩子喜歡在人多的時候表現，模仿各種人物的說話和行

為,這樣的孩子可能具有表演天分。

每個孩子都有夢想,雖然它可能很平凡,但它會轉化為讓孩子奮進的信念,成為讓孩子發光的力量。那麼,如何讓孩子樹立正確的、可實現的夢想呢?

1. 了解孩子的想法

強加的夢想不是夢想,而是一種包袱或壓力。在引導孩子尋找夢想的時候,父母要從孩子的內心出發,傾聽孩子最真實的想法。孩子內心深處都有自己喜歡的事,只不過有些孩子並不知道怎麼表達。家長要耐心地跟孩子溝通,找出孩子的夢想,幫孩子確立目標,跟孩子一起為夢想而努力。

2. 支持孩子的興趣和愛好

孩子年齡小,社會閱歷不足,思想不成熟,對外界充滿好奇,所以喜歡的事會一直處於變化中。父母要關注孩子的興趣和愛好,盡量給予一定的支持。不過,這裡的支持並不是無條件的,比如,孩子喜歡畫畫,正式開始學習前要跟孩子做好約定。如果孩子想放棄之前的興趣,重新學習其他的課程,也要有足夠的理由,並立下相應的規矩。

3. 讓孩子多閱讀名人傳記

名人的榜樣力量是巨大的,平時父母可以讓孩子多閱讀一些名人傳記,從中汲取精神營養,讓孩子從名人事蹟中找到自己的夢想。

4. 主動為孩子賦能

有些孩子雖然有夢想，卻不斷遭受質疑，有些孩子受不了，就選擇放棄。只要孩子選擇了堅持，相信可以實現夢想。外界的質疑不可避免，家長要幫助孩子建立自信與能力。對待孩子的夢想，家長要進行鼓勵和引導，不要逼迫孩子，要與孩子一起描繪夢想實現的畫面，讓孩子更加堅定內心的夢想。

5. 尊重孩子的夢想

無論怎樣，只要孩子有夢想，家長就應該尊重，即使這些夢想很難實現。如果孩子的夢想是成為太空人或科學家，家長不要覺得這是天方夜譚，因為每個人的潛力都是無窮的。擁有夢想，為之堅持，是孩子的權利。家長要尊重孩子的夢想，讓孩子知道夢想是偉大的。隨著身心的不斷成熟，孩子的內心就會更加堅定，朝著自己的夢想一步步前進。

二、築夢

千里之行，始於足下！要想成就偉業，不僅要有夢想，還要採取實在的行動。

高中時期，父母的專制教育引起了李玫的叛逆心理。老師管教無效，父母恨鐵不成鋼，完全拿他沒辦法。讓人想不到的是，在高二那一年，李玫發生了改變。

有夢、築夢、逐夢

高二那年暑假，正在讀研究生的表哥在她家玩，李玫和表哥有了更多的接觸。

一天，她問表哥是如何考上研究所的。

表哥說：「考研究所也不難啊！」

李玫感到異常驚訝，因為在她的印象中，考研究所非常難。

表哥說：「我從小就想當新聞主播，一直朝這個方向努力，不知不覺，就考上研究所了。妳長大了想做什麼？」

李玫回答：「我也不知道。我喜歡旅遊，希望自己將來能環遊世界。」

表哥肯定地說：「不錯！旅行家！」

李玫有些不好意思：「其實，我就是喜歡玩！」

「會玩也行啊！如果妳能玩出名堂，也不錯！比如旅遊就涉及很多環節，路線規劃、攝影……這些都需要你提前準備。如果想出國旅行，還要學一些外語。」

李玫有點不敢相信：「太難了吧！我的英文很差。」

表哥肯定地說：「怎麼不行？只要為了夢想而努力，一切皆有可能！」

表哥的這番話讓李玫豁然開朗，從那以後，她就像換了個人似的，開始拚命地學，成績開始突飛猛進。

李玫的故事讓我們真正見識了夢想的力量。孩子真心追夢時，家長要幫孩子圓夢，成為孩子圓夢的好幫手。

第二章　點燃夢想，讓孩子擁有持久的行動力

1. 幫助孩子啟發夢想

在一些孩子的眼裡，夢想只是一個念頭，一閃而過。擁有夢想容易，放棄夢想也很容易。因此，家長不僅要提醒孩子「夢想是一生的承諾」，更要充分利用夢想的激勵作用，鼓勵孩子一步一步走向成功。

家庭教育的一大目的就是開發孩子的智力，培養他們成才。為此，父母要不斷地引導孩子，啟發他們的夢想。

幼兒時期，可以透過講故事、看電影等激發孩子的夢想；小學時，可以讓孩子閱讀名人傳記，引導孩子夢想的方向；中學時期，孩子已累積了一定的文化知識，個性發展到一定程度，有了自己的興趣愛好，家長可以從他們的愛好和感受出發，引導孩子樹立帶有職業性質的理想。

如果孩子喜歡繪畫，就可以從繪畫角度，讓孩子接觸這個領域的人與事。先讓孩子描摹景物和人物，再鼓勵他做個畫家，然後引導孩子將個人理想與社會需求連結起來，啟發孩子具有強烈的事業心和使命感的社會理想。

夢想是深藏在孩子內心深處最強烈的渴望，是一種揮之不去的感覺和潛意識。夢想是目標，是孩子自我形象的夢想化。夢想是力量，是孩子成長的引擎，是成就事業的原動力。啟用夢想，等於為火箭加注燃料。

啟發孩子的夢想，孩子就能產生強勁的內在動力，想辦法

克服困難，會在學習、工作中堅持不懈，創造不輟，開拓進取，勇往直前，持續獲得愉悅的情感經歷。

2. 引導孩子解構夢想

許多孩子並非沒有夢想，而是缺少追求夢想的勇氣。他們之所以半途而廢，並不是因為實現夢想太困難，而是因為夢想太遙遠。

夢想是伴隨著無數個小夢想的實現而最終實現的。家長可以指導孩子將遙不可及的夢想逐一解構，分成若干個小夢想，制定一步步實現夢想的方案和實施策略。只有把夢想細節化、具體化，孩子才能在具體的實踐中付諸行動，目標越明確，實現的機率就越大。

夢想源於生活卻超乎現實，實現夢想要經歷一個漫長的過程。追逐夢想像上樓梯一樣，一步一個臺階，就能腳踏實地向前邁進。每前進一步，達成一個小目標，都會體會到成功的喜悅。這種成功的經歷，必然會激勵孩子持之以恆地實現下一個目標，直到夢想成真。

3. 拓寬孩子圓夢的視野

增加孩子的見識，如同讓其站在巨人的肩膀上，可以使其看得更遠更清晰。此時此刻，夢想雖遙遠但是也很耀眼，所以孩子追夢的行動一定會更堅定。

第二章　點燃夢想，讓孩子擁有持久的行動力

偉人往往都有成功實現夢想的經歷。讓孩子從小立下偉人志，追尋偉人的足跡，就更有可能獲得成功。

（1）讀名著、賞名畫、觀名景也能成長孩子的見識。家長可以帶領孩子讀萬卷書，行萬里路，開闊眼界，啟迪智慧，磨礪意志，堅定孩子實現夢想的信念。

（2）家長可以透過書籍、照片、影片、網路等方式，讓孩子了解偉人成就夢想的艱辛歷程，吸收偉人的經驗與教訓，鑄造一把適合自己破解夢想之鎖的鑰匙，打開夢想之門。

人世間的一切奇蹟都是夢想成真的結果。孩子的成長過程就是不斷實現夢想、創造奇蹟的過程。夢想是一個目標，心存夢想，孩子才能贏得更多的機遇。

4. 重視夢想的個體差異

孩子的夢想必定存在個體差異。比如，男孩與女孩的夢想不同，即使對於同齡孩子，夢想也可以分為四個層次，如表 2-1 所示：

表 2-1　夢想的不同層次

層次	說明	家長指南
第一層	沒有夢想	家長要多講述一些偉人為夢想而奮鬥的例子給孩子聽，激勵他們迸發出夢想的火花
第二層	追求功利	家長要明確提出健康的夢想目標，引導孩子樹立正確的夢想

層次	說明	家長指南
第三層	好高騖遠	家長要教導孩子既要樹立遠大的夢想,又要把遠大的夢想建立在現實的基礎上
第四層	具有崇高理想並努力為之奮鬥	家長要多鼓勵孩子,並積極幫助孩子解決在實現理想過程中遇到的困難

三、逐夢

現實中,我們可以將人分成兩種:一種是無理想的人,每天渾渾噩噩地過日子,不知道自己為什麼而活,他們活得很消極,對任何事情都不感興趣;另一種是有理想的人,他們相信未來是美好的,每天都過得積極上進,有遠大的目標,可以承受眼下的辛苦,內心非常堅定。所以,當孩子有理想時,父母要表示尊重,並幫助他們實現理想。那麼,父母怎樣引導孩子努力實現夢想呢?

1. 鼓勵孩子大膽嘗試和體驗

孩子對這個世界充滿了好奇,什麼都想嘗試,但有些父母會憑著自己累積的生活經驗判斷哪些事情可以做、哪些事情不能做,當孩子做一些可能有危險的事情時,他們就會進行阻止。孩子的自信心源於成功的感受,沒有嘗試過成功,自然也就沒有勇氣取得成功。有些時候父母要適當放手,讓孩子相信自己能成功!

2. 讓孩子減少欲望

人都有欲望,但真正能成功的人,都可以克制自己的欲望,這使他們距離自己的夢想越來越近。沉迷於欲望,即使有理想,也不一定能實現,最後只能變成空想。

3. 鼓勵孩子積極行動

夢想的實現離不開行動,只有夢想而沒有行動,終究只是紙上談兵。勤奮也是一筆無形的財富,能幫助孩子早日實現夢想,只有把勤奮的態度注入孩子的心中,他們的夢想才能更快地實現。

4. 幫助孩子克服難關

不要因為一點失敗就把孩子全盤否定。成功的道路不會一帆風順,大人尚且如此,更何況孩子。人類因夢想而偉大,夢想因打拚而精彩,遇到困難,要和孩子共度難關,做孩子的護航人。

5. 夢想的實現需要堅持

追求夢想貴在堅持。人在前進道路上挫折不斷,夢想也並非一朝一夕能實現,需要付出努力並堅持不懈。只有努力打拚,才能不斷進取和超越,比如,人類「飛天」的夢想,就是在幾代人孜孜不倦、持之以恆的堅持中實現的。

第三章

改變觀念，幫助孩子建立正確的自我認知

第三章　改變觀念，幫助孩子建立正確的自我認知

在古希臘奧林帕斯山上的德爾斐神廟裡有一塊石碑，上面寫著「認識你自己」，這也是蘇格拉底（Socrates）的哲學觀。我們的人生就是一個不斷認識自己、發掘自己的過程。能夠正確認識自我的孩子，都能發現自己的長處和不足，從而能不斷完善和提升自己。

自我認知正確的孩子，做出選擇的時候，往往更客觀；做起事情來也更加遊刃有餘。孩子過度關注自己，尤其在意別人對自己的態度和看法，患得患失；或者高估自己，不思進取……這些都會影響孩子的行動力。父母要及時發現孩子的不良徵兆，對他們進行恰當的引導，讓他們正確看待自己。

要讓孩子明白，不管自己的現狀如何，只要不斷努力，未來會越來越好。同時，還要告訴孩子，「知人者智，自知者明」，只有正確地分析自我，準確地評價自己，才能讓自己的學習之路更順暢，才能變得更優秀。

▍案例分析：不了解自己的韓雨

▪ 案例

身高一百九十公分的韓雨，雙眼明亮，走在街上，能贏得極高的回頭率。其實，國中時，這個陽光帥氣的孩子曾是一個讓老師操碎了心的自卑男孩。

案例分析：不了解自己的韓雨

韓雨的媽媽非常好強，「追求完美」是她的座右銘。第一次國中家長會上，班導鼓勵家長尊重孩子的專長，留給孩子自由成長的空間，韓雨的媽媽卻反駁道：「小孩子不懂事，讓他發展興趣專長，只會影響成績。」

生活中，韓雨的吃穿住行基本上都不用自己操心，全由媽媽一手代勞。因為媽媽想讓孩子多留出點學習時間，認為只要孩子學習好就行，其他事情都不用做。

到了國中二年級，韓雨有了展現自我的渴望，想在學校每年舉行的校慶運動會上展示自己的風采。班導知道了韓雨的想法，贊同他參加演出和運動會。

可是，在韓雨利用課餘時間準備時，他的媽媽知道了這件事，對他劈頭一頓猛罵：「就憑你這樣，平時哼歌都能走音，五音不全，還能唱歌？走路都覺得累，還能跑得贏誰啊？把玩的時間省下來，好好讀書算了。」

韓雨的舞臺表演夢、運動場證明自己的熱血想法，在母親的「一盆冷水」衝擊下，歸於死寂。再加上媽媽常常用犀利的言語對他進行所謂的反向激勵，韓雨的意志漸漸消沉。他覺得自己什麼事情也做不好，看到別的同學比自己厲害，他的心裡感到更不平衡了。

一天，班導突然發現，以往自律的韓雨每天都會帶一瓶可樂，不喝班裡常備的水。班導問他為什麼總是喝可樂時，韓雨回答：「只要我說喝可樂就能好好讀書，媽媽就會滿足我的要求。」

第三章　改變觀念，幫助孩子建立正確的自我認知

聽到韓雨的話，班導覺得韓雨有點鬆懈，自我約束能力變差了。

日子一天天過去，韓雨不僅沒有達到和媽媽約定的目標，身體反而變胖了；上課的時候，他還經常不認真聽講。

與同學發生了糾紛，韓雨也不進行辯解，只是坐在一旁，默默地打開一瓶可樂，抬起頭灌下大半瓶。

看到原本衝勁十足的男孩變得鬱鬱寡歡，班導打了電話給韓雨的媽媽，告訴她韓雨的變化並指出，如果不讓孩子自立，過度插手他的一切，不斷地給予他負面評價，孩子的狀態會越來越差。

老師的一番話，點醒了韓雨的媽媽。

■ 分析

自我認知能力是一個人正確評價自己的心理認知，一個人隨著受教育程度的不斷提升，相應地會具有較高級的認知能力。對於孩子來說，僅成績好還不夠，還要有充滿陽光的內心、積極豁達的胸襟，而這些都仰賴於良好的自我認知能力，可以正確看待自己的長處與不足。

古希臘哲學家泰利斯（Thales）說：「人生最困難的事情是認識自己。」把自己的位置擺得太高，就會讓自己失望心寒；太把自己當一回事，必會受到他人的重創。自我認知能力的培養對於孩子驅動自我發展有著很重要的作用。

有自知之明的孩子一般不會對自己有過高的評價，覺得處

處優於別人;他們會用正向的眼光看待自己,能夠更好地應對現實生活中遇到的各種挫折。

研究顯示,孩子從呱呱墜地那一刻起,就已經開始建構其最初的自我意識了,這是在與父母及其他人的互動中進行的。成人,尤其是與他們關係最密切的成人的言行,在相當程度上影響著他們自信的養成。

孩子的健康成長是目前家長最關心的問題之一,家長要盡最大努力在日常生活中不斷提升孩子的自我認知,讓其客觀地看待自己和他人。

1. 自我認知能力強的孩子有目標

孩子擁有正確的自我認知,就能懂得自己的感受和欲望等,對自己做出評價繼而不斷調整自我,找到明確的目標並為之努力。比如,一次考試沒考好,孩子如果了解自己,就會分析自己在學習上的不足之處,並取長補短,下一次努力考出優異成績。而不了解自己的孩子,一般都不知道錯在哪裡,更不會為自己確定一個目標。

2. 自我認知能力強的孩子情商高

孩子的自我認知能力是情商的重要部分。孩子擁有良好的自我認知意識,就不會盲目地發脾氣。他們與人為善,不斤斤計較,寬容大度,善於解決問題,這些都是高情商的重要體現。情商高的孩子往往更受歡迎,也更容易取得好的成績。

第三章　改變觀念，幫助孩子建立正確的自我認知

3. 了解自己，孩子才能成為更好的自己

孩子對自己有正確的認知，就不會妄自菲薄，也不容易自命不凡，他們自信、自立、自強、自尊。不管做什麼事情，都能信手拈來，即使做錯了，也能吸取經驗教訓，不斷提升能力，以取得更大的成績。

孩子要形成良好的自我認知，需要家長花費更多的時間和精力，耐心地進行引導。家長完全可以利用「巴納姆效應」(Barnum effect)[02]，讓孩子遠離心理暗示，正確認識自我。

了解孩子的自我認知發展規律

蘇東坡那句「不識廬山真面目，只緣身在此山中」告訴我們，認識自己很重要！

在古希臘德爾菲城的帕德嫩神廟裡，刻著蘇格拉底的一句名言：認識你自己。

從古至今，認識自己都是一件最不容易的事情：我是誰？我從哪裡來？要到哪裡去？

認識自己是一個系統性的認知過程。自己的身材、長相、家庭出身、興趣愛好、個性、學習能力、工作能力、為人處世

---

[02] 巴納姆效應是指人們常常認為一種籠統的、通常性的人格描述十分準確地揭示了自己的特點。當人們用一些普通、含糊不清、廣泛的形容詞來描述一個人的時候，人們往往很容易就接受這些描述，並認為描述中所說的就是自己。

的能力、長處、短處等,都屬於自我認知的內容和範疇。

有些人自豪於自己的身材,有些人糾結於自己的高矮胖瘦;有些人沉迷於自己的財富;有些人在追求不斷精進;有些人焦慮憂鬱,有些人輕鬆悠閒;有些人痛苦,有些人幸福……這些都是自我認知的思維和行為的反射。

兵法上也說「知己知彼,百戰不殆」,要想戰勝別人,首先得了解自己。個人只有充分地、正確地了解自己,才能知道怎樣實現自我價值,才能知道自己的長處和短處,才能知道怎樣在生活和工作中揚長避短。

自我認知能力是一種高級的思考能力。剛出生時,孩子還沒有自我認知,隨著大腦的發育、認知水準的提升、社交的增多,逐漸建立起自我認知能力。

概括起來,孩子的自我認知的形成和發展可以分為4個階段。

一、無自我認知(0～2歲)

根據皮亞傑(Jean Piaget)的認知理論,兩歲前的孩子還處於感知運動階段,主要透過先天的條件反射和動作感知世界,只具備一些簡單的思考能力,因此兩歲前的孩子是無法形成自我認知的。

為了測試孩子是否有自我認知,科學家設計過一個簡單的小實驗。

第三章　改變觀念，幫助孩子建立正確的自我認知

他們在孩子的鼻子上點上一個紅點，然後把他們帶到鏡子前。如果孩子有自我認知能力，能區分自己，就能認出鏡子中的自己，並會注意到鼻子上的紅點，並嘗試擦掉。

實驗顯示，比較小的嬰兒是無法辨識自我的，多數孩子在兩歲左右，才會明顯地意識到自己臉上的紅點，並試圖觸摸它。

二、自我認知萌芽（2～6歲）

到兩歲左右時，孩子的大腦得到了進一步發育，學會了說話，開始進入了形式思考階段。這時候，孩子開始形成初步的自我認知，開始會用「我」來區分別人。

這時候的孩子已經開始產生自我意識，但並不會形成自我認知。他們往往把外界視為自己的延伸，認為外界都是圍著他轉的。舉個簡單的例子：孩子喜歡什麼就會拿什麼，搶別的小朋友的玩具更是家常便飯。因為他還不太會區分別人和自己，也就不理解這種「所有權」問題。

隨著孩子智力的進一步發育，伴隨著孩子活動範圍的擴大，他們開始上幼兒園，認識的同年齡小朋友越來越多，開始了初步的社會化。環境的改變刺激了孩子的自我認知發展，孩子需要區分自己跟別的孩子有什麼不同，對自己進行歸類，明確自己屬於哪一類的孩子……如此，就會產生初步的自我認知。

因為智力有限，再加上幼兒園的孩子共性多、特性少，該階段孩子會更關注外在比較明顯的特徵，比如生理特點、所有物或令他們驕傲的行為。

舉個例子，孩子在描述自己時，很可能會說「我是男孩，比較瘦，跑得快，我有一個超人力霸王」，不會關注自己的心理特質，比如勤奮、認真等。因此，這一階段孩子的自我認知還處於萌芽狀態。

三、自我認知初步建立（6～12歲）

根據皮亞傑的認知發展理論，6～12歲的孩子智力已經得到進一步發育，進入了具體運算階段，可以加工和分析已有的表象和符號，得出符合邏輯的結論。這就為孩子自我認知的發展奠定了生理基礎。

同時，這時候孩子的生活重心也開始發生轉變，從以家庭為中心轉變為以學校、同學為中心。社交活動的增加對孩子的自我認知提出了新的要求。孩子需要進一步定位自己，才得以分彼此，了解自己究竟是什麼樣的人。

這一階段的孩子在自我認知上更加具體，不再僅僅依靠外在特徵來區分自己與他人，開始關注內在的心理特質。比如，5歲孩子形容自己時，可能會說「跑得快，擅長畫畫」；但10歲的他再進行自我描述時，就不再局限於這些外部特質，還會新增

心理特質，如友好、樂於助人、擅於思考等。顯然，10歲孩子的描述比5歲孩子的更全面、更抽象。

四、自我認知的基本建立（12歲之後）

12歲後，孩子的智力得到進一步發育，進入形式運算階段。這一階段，孩子能夠熟練運用各種邏輯演繹及推理能力，思考能力已經接近成人。該階段孩子的自我認知有兩個特點。

1. 基於現實客觀評價自己

隨著智力的發展，這個階段的孩子能夠用批判性的眼光看待這個世界。過去，父母、老師說什麼他們就信什麼，現在不一樣了，他們會思考別人說得對不對，經過分析整理後再吸收。比如，以前父母表揚他們，他們會真的相信，且會很高興。現在父母再誇他們，他們會結合現實的客觀情況綜合考量，理性地接受父母的評價。也就是說，過去孩子的自我認知更多地會受到父母和老師等外部評價的影響，現在他們開始獨立思考了，減少了對於外部評價的依賴，會更多地基於自己接觸的客觀事實來評價自己。

2. 對自己的認知更加抽象，更加精確

隨著思考能力的提升，孩子的抽象思維能力突顯，不再關注外在的具體特徵，更加關注抽象的內在特質，對自己的認知更加準確、更加具體。比如，孩子會根據自己的意識形態（如，

我是環保主義者),而不是具體的生理特徵(如,我跑得很快),對自己進行描述。

這一階段的孩子對自己的認知越來越精確,開始建立基本的自我認知。

巴納姆效應:
引導孩子以己為鏡,塑造更好的自己

對於多數人來說,自我的認知似乎都是在走出校園、步入職場之後才漸漸擁有了「形狀」。但實際上自我認知應當從小就對孩子進行培養。自我認知的模糊,會大大增加孩子「變壞」的可能性。當然,這種「變壞」並不是一蹴可幾的,而是由於年齡的增長,隨著與自我認知模糊之間形成的「反比」逐漸出現的。

那麼,如何才能提升孩子的自我認知能力呢?答案是合理利用「巴納姆效應」。

1948 年心理學家伯特倫·福勒(Bertram Forer)進行了一項人格測驗,測驗完成後學生對測驗結果與自身的契合度進行評分,分數 0～5。其實,這些測驗結果雖然是「個體分析」,但內容是相同的,但最終學生給出的「個體分析」測驗結果平均分為 4.26 分。實驗結果證明,適用於多數人的語句很容易引起人們的共鳴。

第三章　改變觀念，幫助孩子建立正確的自我認知

後來，心理學家將實驗驗證的效應命名為「巴納姆效應」，即：人們認為籠統的、一般性的人格描述可以準確地揭示自己的特點，當他人用普通、含糊不清、廣泛的形容詞來描述一個人的時候，這個人會很容易接受這些描述，認為描述中所說的就是自己。

在孩子自我意識發展的過程中，家長不進行適當的引導，孩子就容易在紛繁複雜的聲音中迷失自我。要讓孩子形成良好的自我認知，家長就要合理利用「巴納姆效應」，讓孩子保持平常心，接受有用的指正或讚揚，以便孩子能夠自信地描繪屬於自己的人生藍圖。

父母想引導孩子正確認識自己，就要從以下幾方面做起。

1. 讓孩子全面、客觀地看待自己

家長要從孩子的生理自我、社會自我和心理自我三方面著手，幫助孩子正確地認識自己。如表 3-1 所示：

表 3-1　讓孩子全面看待自己

要點	說明
生理自我	指的是自己的身體形象，包括性別、外表特徵等。家長要引導孩子認同個體的差異、認同自己的性別、認同自身的外貌特色，讓孩子看到每一個特色都是獨一無二的，沒有好壞之分

要點	說明
社會自我	指自己在社會關係中的位置,包括自己在親戚、朋友、同學、同事中的影響力和社會地位。家長要引導孩子對家庭自我、社會自我和集體自我進行掌握和認同,讓孩子明白,別人誇獎自己是因為自己的一些表現符合了別人的標準。 不論別人的要求高或低,欣賞還是挑剔,要讓身邊的人的評價不影響孩子的自我評價
心理自我	指對自己的氣質、能力、興趣、情趣、愛好、理想等地認知,這也是認識自我的關鍵,要認真進行分析。家長要幫助孩子對「今天和明天的關係」、「優勢和劣勢的關係」、「逆境和順境的關係」、「快樂和煩惱的關係」有正確的認知

在教育孩子的時候,要運用「巴納姆效應」,讓孩子客觀地對待自己。孩子發現了自己的優點時,家長可以對他進行誇獎,肯定孩子付出的努力。在孩子存在錯誤的時候,家長也要進行批評,讓孩子客觀對待自己的缺點。

2. 讓孩子無條件地接納自己

每個人都有自己的優勢和不足,要讓孩子知道人無完人,引導他們正確面對自己,客觀認識自己。孩子總是活在與他人的比較中,就不能擁有真正的快樂,只有無條件地接納自己,面對自己的優缺點,才能定義屬於自己的人生。

第三章　改變觀念，幫助孩子建立正確的自我認知

3. 讓孩子學會篩選和辨識資訊

孩子經常從他人嘴裡聽到關於自己的資訊，這些資訊包含不同的層面，有的資訊是可用的、有價值的，有的資訊是無用的，要引導孩子學會辨別，不能照單全收。否則會影響他們對自己的判斷，影響正確的自我認知。

因此，家長要教會孩子如何進行資訊辨識，讓孩子想一想自己在做某件事情的時候是否出現過偏差，孩子學會了辨別問題，就會正確認識自己。

4. 引導孩子保持平常心

想讓孩子正確認識自己，就要從小教導孩子保持平常心，不管做什麼事情，首先要平靜下來，考慮自己是否遇到過類似的問題，即使沒有，也不用太過焦慮。

孩子缺少平常心，一句讚美，就可能讓孩子自以為了不起，最終迷失自我；一句指責，就可能讓孩子產生自卑、多疑的想法。孩子只有擁有平常心，才能「不以物喜，不以己悲」。

第四章

掌握方法，讓孩子從被動轉為主動

第四章　掌握方法，讓孩子從被動轉為主動

　　掌握了正確的學習方法，孩子學習起來往往更輕鬆，也更容易提升對學習的興趣。

　　如果孩子平時抱怨自己明明已經很努力學習了，成績依然沒有提升，帶來的最直接結果就是，孩子自信心受挫，喪失主動學習的動力。只有找到合適的學習方法，透過努力不斷進步，孩子才能提升對學習的興趣，而這也是驅動孩子變被動為主動的關鍵。

　　如果孩子有學習的欲望，也羨慕成績好的同學，就是不知道怎麼學，這時候，家長就要高度重視，主動幫助孩子。要認真觀察孩子學習的方法和習慣，幫孩子克服學習的困難和障礙，找到適合孩子的學習方法。比如，孩子記憶某個知識後很快就忘了，家長就應該導給孩子正確的記憶方法，如讓孩子大聲朗讀、整理讀書筆記、一邊背誦一邊抄寫等。

　　想讓孩子主動學習，就要在激發孩子學習興趣的前提下，教給孩子一套科學化的學習方法。

▎案例分析：成績一塌糊塗的明軒

■ 案例

　　明軒是個聰明、活潑的孩子，但只要一提到讀書或作業，他就顯得無精打采，毫無動力。他上課注意力不集中，不是玩

橡皮擦，就是想別的。教室裡偶有風吹草動，他都能感覺到。

老師在教室裡巡視，走到他身邊的時候，他就會低頭，表現得像在認真思考，只要老師一離開，他就會做其他事情了。

老師提問，他從來不舉手，如果突然被老師點名回答問題，他就直接回答：「老師，我不會。」或是「老師，我沒聽懂。」各科任老師對他輪番指責和教育，但毫無作用。

放學回到家，明軒不是玩手機，就是看電視，作業早就被他拋到了九霄雲外。通常，在爸爸媽媽的多次催促後，他才會不情願地坐下來。他寫作業的速度很快，但錯誤很多。

明軒最不喜歡考試，只要臨近考試，他都感到異常煩躁，每次考試的結果也可想而知了。

媽媽爸爸以為這個孩子開竅比較晚，想說等他上了國中可能會好一點。結果，國中的課程難度增加，再加上青春期的到來，讓明軒徹徹底底地放棄了讀書，整天只知道跟同學玩，不做作業，甚至曠課。國一上學期期中考試，英文居然只考了20分。

明軒媽媽意識到問題的嚴重性，找朋友幫忙，聯繫到我。我在工作室接待了這對母子。

明軒媽媽向我介紹了兒子的情況，我發現，她之前從來沒有關注過兒子的課業，一直覺得兒子還小，上了國中慢慢就好了……一味的放任，造成了明軒今天這樣的局面。

為了了解明軒對學習的狀態，我跟他有了下面的一段溝通。

第四章　掌握方法，讓孩子從被動轉為主動

我：你不喜歡學習？

明軒：是。一看書就頭痛。

我：你成績如何？

明軒：班級最後一名。

我：你分析過原因嗎？

明軒：沒。

我：你難道就不想考個好成績？

明軒：嗯，想。但考不好。

我：你難道沒找找原因？

明軒：不知道。沒人教過我。

我：老師沒教過你們正確的學習方法？

明軒：教過，但我沒試過。

我：老師都教過你們什麼？

明軒：老師有時會安排作業，叫我們課前預習。

我：你預習了嗎？

明軒：我覺得，只要不是直接在寫作業簿上的，都不是作業。沒預習過。

我：你上課有跟上老師的邏輯跟思考嗎？

明軒：我們老師講得太快，我跟不上。

我：其他同學也覺得老師講得快？

明軒：不是。我同學就能跟上老師的節奏。

案例分析：成績一塌糊塗的明軒

我：你是獨立完成作業的？

明軒：開始的時候抄同學作業。後來，用手機查答案。

我：你考試時，感到緊張嗎？

明軒：不緊張？

我：為什麼？

明軒：反正都不會……

……

◾ 分析

遇到明軒這樣的孩子，你會不會感到頭痛？其實，明軒之所以學習弄得一塌糊塗，主要原因就是沒有掌握正確的學習方法。顯然，明軒的問題主要出在學習態度和學習方法上，即他根本就不知道如何學習，他很被動。

孩子開始時可能也很努力，但由於沒掌握學習方法，所以不管如何努力，成績都不見起色，時間長了，他們學習的主動性就大大降低了。

事實證明，正確的學習方法的掌握，是驅使孩子主動學習的關鍵。用錯了方法，事倍功半；用對了方法，就能事半功倍。只有知道學習的具體方式，孩子才能按部就班地學習；反之，如果孩子腦中對學習方法沒有清晰的概念，學習就會被動很多。

孩子反覆用錯的方法學習，自然就無法取得好的成績，最終就會失去學習的動力和興趣。

第四章　掌握方法，讓孩子從被動轉為主動

▋發現這 4 個現象，說明孩子在「無效學習」

很多孩子平時雖然也在學習，但聽課效率不高，作業品質太差，考試成績總是不理想⋯⋯看起來他們很努力，花費了很多時間，但這只是一種假象，是一種「假努力」。孩子沒有全身心地投入學習，即使努力了，也無法取得進步，甚至會退步。

很多人都聽說過「越努力越幸運」，很少有人知道，除了努力，方法同樣重要，只有掌握正確的學習方法，付出時間和精力，才能真正提升課業成績。

為了預防這樣的無效學習，在日常生活中，父母要多觀察，看看孩子是否屬於盲目努力，有沒有明顯進步。

如果發現孩子身上出現了以下四種現象，父母就要多加注意了，因為很可能孩子的學習是無效的。

一、孩子無主見，喜歡模仿他人

努力學習的方法有很多種，但並不是每一種方法都適合你的孩子，因此要讓孩子認真了解自己目前的學習狀況，不能盲目地模仿他人，否則只能消耗鬥志。

有個女孩的成績在班上屬於中等偏上，為了超越其他同學，她非常努力學習。班導很欣賞這類努力的學生，但在一定程度上，更覺得心疼。

發現這 4 個現象，說明孩子在「無效學習」

有一次考試過後，班導將女孩約到辦公室，想找她聊聊。

班導試探性地問她，最近課業壓力是不是很大，女孩順勢點點頭。

班導說：「妳成績很穩定，只是沒什麼突破。我看妳平時不管是上課還是下課都很努力，是不是方法出了問題？」

女孩直言不諱：「老師，我也很苦惱這個問題。我不知道自己跟那些成績好的同學差在哪裡，我跟他們一起上課，一起做作業，他們怎麼做，我就怎麼做。」

聽了她的話，班導立刻發現了成績無法提升的原因──照抄別人的學習方法。

學習固然要講求方式，但不能生搬硬套別人的方法，只有找到適合自己的方法，才能事半功倍。盲目跟從學習不可取！家長要告訴孩子，適合你的未必適合別人，適合別人的也未必適合你。你可以向那些成績好的同學學習，學習他們刻苦、努力、堅持不懈的品格，但他們的學習方法不一定適合你！

有的孩子看到同學網購了一套新的數學習作，就請自己父母也買一套，根本不管這套習作是否適合自己。

有的孩子看到同學將英語單字抄到小本子上，一邊等車一邊背誦，自己也學著做。同學記錄的是自己不會的單字，而他卻將教材中所有的單字都記了上去，沒有將重點放在自己不會的那些上。

有的孩子看到同學在上線上課程，也要家長替他報名。結

第四章　掌握方法，讓孩子從被動轉為主動

果，同學每天堅持，他只在開始的幾天努力了一下，後面就不聽課了。

……

孩子都是獨立的個體，每個人的學習進度、學習方法等都是不一樣的，不能一味盲目地仿效別人。

適當地參考別人的學習方法是可行的，但是只知道照抄別人的學習方法，不懂分辨，缺少自主學習意識，這樣的學習是被動的、消極的，學習效果會差很多，是一種無效學習。

每個人的學習進度和學習方法都不一樣，我們可以適當地借鑑，但是沒有主見地盲目依樣畫葫蘆，並不會取得理想的效果，要讓孩子意識到：找到適合自己的學習方法很重要。

學習同學的讀書方法，要關注別人的學習邏輯，如平時是如何安排學習的，如何分配弱勢科目和優勢科目的時間……然後結合自身的能力和特點，制定適合自己的學習計畫和方法。

二、孩子只會「輸入」，不會思考

王林的成績在班裡處於中等水準，不會犯簡單的錯誤，但難的問題也從來沒有自己解決過。

老師告訴王林媽媽：「這孩子聽課還算認真，但只要讓他回答一些比較活的問題，他都答不出來。」

期末考試有一道題目並不難，只要稍加思考就可以解決，

發現這4個現象，說明孩子在「無效學習」

王林明明有能力做對，卻還是寫錯了。老師和父母感到很生氣，王林自己卻表示，他已經習慣了自己的學習方式，對他來說，用力思考問題是一件很複雜的事。

我們之所以推崇獨立思考，是因為唯有學會思考，才能擁有健康的人格，才能有自己獨立的精神世界。不會獨立思考的人，只能聽別人的，別人說什麼就是什麼，沒有見解，長大以後，會因為目光短淺而失去很多機會。

課堂上，孩子認真做筆記，可是一到做題的時候就出錯。主要原因就是，孩子上課時只聽老師講，從不思考為什麼。而不分析思考，單純地按照公式重複做題，只能叫「機械式學習」。

對於學習來說，單純地輸入毫無用處，輸入的時候，還需要認真思考，用心思索。如果有時間，家長要時不時抽查孩子的作業，看看他到底是不是真的學會了，對知識點的掌握程度如何。用提問、檢查的辦法，逼迫孩子多思考、多動腦。平時，也要培養孩子的思考能力，經常問問孩子「為什麼」。

善於思考的孩子，學習的主動性才會高；懶得思考，只知道輸入，充其量也只是一個知識的「儲存裝置」。

思考力是驅使孩子主動學習的又一利器。只有善於思考的孩子，才能主動學習。

有些孩子遇到難題時，找不到解題思路，不加思考就從手機上找到答案，直接謄寫在作業簿或練習冊上。

第四章　掌握方法，讓孩子從被動轉為主動

直接抄寫答案，孩子只是了解了一遍解題過程，並沒有經過大腦的推演。雖然作業寫得工工整整，但成績依然無法提升。

要想將題目做對，就要充分理解每道題的解題邏輯。不對問題進行分析，只是重複勞動，無法實質性地提升學習效果。

對於學習來說，單純地輸入知識毫無益處，只有勤思考、用心分析的學習才是積極主動的。

三、孩子忽視計畫，三心二意

在學習過程中，有兩種最無效的學習方式：一種是連續3小時以上學習一門功課；一種是腦子裡想著國語，眼睛卻在看歷史。連續幾個小時學習同一門科目，孩子就會感到身心疲憊，產生厭倦；而在學習中沒有合理分配時間，會讓孩子在複習中摸不著頭緒、感到煩躁。

拿起國語習作的時候，心裡卻想著還有幾個歷史條目沒有背，孩子就會手忙腳亂，不知道該優先讀哪個科目比較好。表面上看，孩子伏在桌前認真複習，一會翻看國語課本，一會翻看歷史課本，其實孩子並不知道先讀哪一科好。在這樣的糾結中，大量的時間被浪費了，甚至還會讓孩子更加煩躁。

而對於孩子來說，合理安排學習時間，制定完善的學習計畫，都是驅使他們提升學習主動性的重要方法。合理安排時間，孩子的學習會更有目標，積極性更高，學習效果也最好。

因此，為了讓孩子合理安排時間，集中注意力，就要引導孩子制定學習計畫，合理安排學習時間。

不過，這裡的學習計畫並不是長遠計畫，因為時間太長的計畫很難實現，要引導孩子從短時間的計畫開始。制定短期計畫有一個很大的優點，即時間限定性。一方面，孩子必須在限定時間之前完成，在學習過程中就能做到專注、效率；另一方面，完成一個個短期計畫，孩子還能獲得較大的成就感，帶來很大的信心和動力，以更飽滿的精神狀態投入學習。

四、孩子學習流於形式，喜歡做表面文章

宇琦每天按時早起上學，從來不遲到，放學回家後也不貪玩，心思都放在學習上，每天都要很晚才能入睡，但成績依然處於中等水準。他媽媽張女士不知道問題到底出在哪裡，一次家長會後，張女士向班導請教。經過短暫的交流後，老師認為宇琦可能長期處在「無效學習」的階段，表面上刻苦努力，實際上並沒有成效。

孩子學習時間越來越長，休息時間越來越短，學習效率卻越來越低，情緒也越來越不穩定，到底是什麼原因？主要就是孩子正在進行流於形式的學習，學習沒有規劃，漫無目的，全部按照老師說的走，自主意識缺失，有點溫水煮青蛙的感覺。

孩子太重視學習形式，只能造成時間的浪費。舉幾個例子。

第四章　掌握方法，讓孩子從被動轉為主動

有的孩子寫作業時特別認真，精益求精，如果寫得不好，就擦掉重寫。結果，為了將作業寫好，會花費一個小時的時間。其實按照老師的估算，孩子只要花費 20 分鐘就能將作業完成。

有的孩子在聽課的過程中，會將老師講的內容、PPT 上播放的內容全部記在本子上，回家以後再將這些草草記下的內容謄寫在一個精美的筆記本上。看起來學習態度不錯，其實只是一遍遍地謄寫，缺少思考的過程，缺少記憶的過程。這樣的學習，多半也是無效的。

有的孩子上課的時候，雙手搭在桌上，身板挺得直直的，看起來似乎在認真聽老師講課，其實早就心不在焉，不知道夢遊到哪裡去了。

這些孩子往往都對學習缺少正確的認知，寫筆記、上課假裝認真聽，都是做給別人看的。在低品質的勤奮背後，往往都是懶惰。「表面學習」，不僅會讓孩子成績下降，還會讓孩子出現「我已經很努力了，仍然學不好」的心理，打擊孩子學習的積極性。時間長了，他們可能也就懶於學習了。

孩子不應該有「努力的幻覺」，從一定程度上來說，低效率的學習沒有意義，只能耗費大量時間和精力，得不償失。父母不能被孩子低品質的勤奮矇蔽了雙眼，覺得這就是在努力，因為很多時候低品質勤奮掩蓋下的是真懶惰。

因此，家長要對孩子的學習效率進行檢查，辨別孩子是真

勤奮，還是假勤奮。一旦發現孩子在進行無效學習，就要及時糾正他們的態度和行為，讓孩子明白「什麼樣的學習才是有效的」。

孩子需要掌握的 8 種高效學習法

孩子的成績不能代表一切，反應出的問題需要予以重視。家長不僅要關注孩子的學習，還要培養孩子的綜合能力，讓孩子主動體會學習的方法和樂趣，提升學習的自主性。

一、制定合理的學習計畫

為了提升學習的主動性，要引導孩子先設定一個目標，再與他一起制定一個合理的學習計畫，並督促孩子認真執行。

1. 制定學習計畫的「5W」

制定學習計畫時，家長要引導孩子在以下幾個方面進行充分的考慮。

Why —— 為什麼學？即學習的目的和意義。這是孩子積極、主動學習的動力。

What —— 學什麼，達到什麼目的？即學習的對象和目標。這是學習計畫最關鍵的部分。

Who —— 我是「誰」？即孩子的實際情況，例如，孩子的基

礎水準、學習能力、個性特點、學習風格、優勢和弱項等。這是保證計畫實際可行的重要前提。

Whom —— 向誰尋求幫助，與誰一起學習？優秀老師、學習能力強的夥伴，都能促進孩子的學習。

How —— 有什麼具體的學習方法和措施？這是確保學習計畫得以實施的必要條件。

2. 計畫的制定遵循 SMART 原則

一個好的計畫應當有明確的目標、可量化、做得到，並且跟目標相關，有時效性，具體內容如表 4-1 所示。

表 4-1　學習計畫制定的 SMART 原則

原則	代表	含意	舉例說明
S	specific	計畫和目標越具體越好	如果孩子制定「這個假期提升英文能力」的計畫，就要讓他問自己幾個問題，比如：如何才能提升英文能力？是寫完所有英文作業，記住 60 個單字；還是跟著老師的進度，上完一門英文線上課程？要把目標拆解，並一一列出來
M	measurable	可測量	如果孩子的計畫是「背單字」，不如改成「每天背 5 個單字」，讓學習成果可被測量
A	attainable	可達成	每天背 500 個單字，不如把計畫定為每天背 5～10 個單字，這樣才是實際可行的，也容易堅持

原則	代表	含意	舉例說明
R	relevant	跟目標有關	不要讓孩子打著練聽力的旗子,看有中文字幕的動畫
T	time-bound	有時效性	每項計畫都有時效性,才能督促孩子不拖延

按照 SMART 原則,可以制定每天的計畫,清楚劃分每天各個時段做什麼,有量化指標,有時間節點。此外,還可以做周計劃,排好每週的課外活動、完成作業的時間、週末規劃、其他額外事項等。

二、必要的課前預習

預習是上課前必備的環節,預習的好壞直接關係聽課的效率。

1. 課前預習的方法

需要孩子掌握的預習方法如表 4-2 所示。

表 4-2　課前預習的方法

預習方法	說明
大綱預習法	把預習的內容提煉概括唯有邏輯關係的大綱,使之層次分明,脈絡清晰,觀點突出。列出課程的重點、要點,課文的內容就容易理解,也便於課後複習

第四章　掌握方法，讓孩子從被動轉為主動

預習方法	說明
符號圈點預習法	閱讀課文時找到重點、難點，並用一套符號對字、詞、句、段進行圈點勾畫；盡量做到眼到、手到、心到，使讀、想、記三個環節有效地結合起來。寫上記號等於為聽課與複習做了充分準備，有助於集中注意力，增強記憶。 (1) 初讀標記。用鉛筆標註，勾畫出要點、難點和疑點，為之後的閱讀打下基礎 (2) 重讀整理。解析第一步的重點、難點和疑點，對初讀標記加以整理。
快速閱讀預習法	(1) 瀏覽目錄。 (2) 翻閱相關知識的頁面，重點是標題、插圖、圖表等地方 (3) 對重要內容做好摘錄 (4) 依據課程內容自己提出問題
溫故知新預習法	在預習過程中，一方面初步理解新知識，歸納新知識的重點，找出疑難問題；另一方面複習、鞏固與新知識相關的舊知識，使知識系統化
清除障礙預習法	透過查閱工具書、相關資料以及請教他人等方式，清除學習障礙。這種課前預習方法具有學習的自主性，孩子能自主克服學習中遇到的困難，養成良好的習慣
循序漸進預習法	(1) 通讀課文。首先，看新課題木，思考問題；之後初讀課程內容，邊讀邊標註不易理解的地方 (2) 掌握並理解課文的內容。對於查不到答案的地方，以問號標記 (3) 結合課後練習和自己的問題進行思考，查找和閱讀參考資料，解決一些問題，發現新的、有價值的問題

預習方法	說明
循序漸進預習法	(4) 再讀一遍課文，寫出自己的想法、感受和體會 (5) 將課文讀熟，用簡潔的文字寫出全文的主要內容
表格預習法	繪製表格，找出新課內容的重點、難點和關鍵問題等。該方法可用於單元預習、單節預習、單課預習
質疑預習法	在預習過程中，對文章所闡述的觀點、結論及文中的某些說法質疑。提出不理解的內容，透過思考、查資料、請教別人等方法，找出正確答案
習題預習法	如果只看書，在預習過程中很多問題都無法被發現，預習也達不到理想的效果。預習不僅包括看書，還包括寫習題

三、聽好每一堂課

學習積極主動的孩子，都是這樣聽課的。

1. 視聽並用法

上課時不只用耳朵聽，還用眼睛看。一定要告訴孩子：在上課的時候，不但要帶耳朵，還要帶眼睛，做到視聽合一。又聽又看，在吸收聲音傳遞來的抽象的概念的同時，還能結合圖像，強化具體的知識印象。聽和看的內容應保持一致性，不能聽此視彼，分散聽課的注意力。

第四章　掌握方法，讓孩子從被動轉為主動

2. 聽思並用法

邊聽邊思考也是一種有效的聽課方法。「聽」一般是被動地吸收，「思」則是主動地思考。邊聽邊思，可以在由被動轉化為主動的過程中，逐步加深對知識的認知和理解。只聽不思考，機械式地聽課，並不能真正地掌握知識，更無法培養創造性思考能力。

3.「五到」聽課法

「五到」指耳、眼、口、手、腦都要動起來，多種感覺器官並用，多種身體部位參與聽課活動。「五到聽課法」要求孩子全神貫注，靈活地根據課堂情境和老師要求適時調整聽課方法，提升聽課效率。

耳到：認真聽老師所講的內容、同學們的發言，不漏聽，不錯聽。

眼到：隨時看教材、老師的板書、PPT 等。

口到：積極發言，回答老師的提問。

手到：做好筆記，記下重要的知識和不懂的地方。

腦到：動腦筋思考為什麼，不分心，專注聽課。

4. 符號助記法

孩子記憶力再強，也不可能把老師所講的內容全部記住，所以，聽課必須做好筆記。

同時，記筆記要掌握方法，可以用一些符號幫助記錄。比如，重點語句可以著重號、波浪線或加三角符號標註，疑難問題可打問號。如此，既能節約時間，也能保證不錯記和不漏記。

5. 要點記取法

聽課最重要的就是聽重點、要點。老師講課，傳遞給孩子的資訊是多方面的、多層次的，要讓孩子著重記重點和難點，去掉雜訊。因為，抓住要點聽和記，比毫無重點地全部聽和記效果好得多。

6. 主動參與法

很多孩子聽課缺少主動性，不和老師進行互動，不提問，不發表觀點，只知道抬著頭聽，聽完了埋著頭記錄。有的孩子甚至害怕被老師提問，即使回答問題，也支支吾吾，表達不出自己最真實的想法。實踐證明，凡積極舉手發言的學生，學習進步特別快。

7. 目標聽課法

預習時，發現不懂的問題就及時記錄下來，上課時帶著這些問題聽課，目標明確，針對性強。預習時弄懂了的，再聽一遍可以加深印象。預習時不懂的，就應格外認真聽、仔細聽，如果聽課時還沒搞懂，可以在課堂上提出來，也可以先記下不懂的部分，再請教老師或他人。

8. 質疑聽課法

聽課時，有疑問或有不懂的地方都可以舉手示意，保證始終集中注意力。能提出問題的孩子往往也是會學習的孩子。

四、提升作業品質

提升作業品質，也是孩子提升學習效率的好方法。具體來說，有以下幾種方法。

1. 釐清思路法

（1）正向法。從題目的已知條件出發，經過一系列的推理，逐步向未知靠攏，得到所求的結論。

（2）逆向法。如果題目用正向思考難以解答，可以讓孩子逆向思考，從未知結論出發，逐步倒推，向已知前進，最後達到已知條件。

（3）雙向法。即把正向和逆向結合起來，一方面從已知想起，指向未知，另一方面從未知想起，指向已知，最後得到解答的思考方式。

（4）輔助法。引進輔助元素，串聯已知和未知。

2. 一題多解法

一題多解的方法一般來說有以下幾種方式：運用多種知識一題多解；用不同思路一題多解；用不同方法一題多解。

有些孩子做作業以得到答案為終點。要讓孩子成功解題後考慮每道題有沒有第二種解法、第三種解法。即使找不出第二種解法也沒關係，這樣可以幫助孩子養成靈活思考的習慣。

3. 自我檢查法

自我檢查法如表 4-3 所示。

表 4-3　自我檢查法

方法	說明
正向檢查法	從審題開始一步一步檢查
逆向檢查法	從答案向前回推，比如：加法用減法驗算等
常識檢查法	把解題的結果與常識上的估算進行比較
特例檢查法	對於某些題目的結果，可以取特例進行驗證
簡化檢查法	遇到複雜或抽象的題目，常常不易檢查解題正確與否，可以把它轉化為簡單而具體的問題查驗
數形檢查法	即把數形對換。如果題目是用「數學計算」的方法來求解的，可以用「圖形或幾何」的方法進行檢查
條件檢查法	即已知條件用盡檢查法。若第一條件、前提、必要的概念未被用上，整個解答通常可能是錯誤的或不完整的
邏輯檢查法	主要看解題是否合乎邏輯

第四章　掌握方法，讓孩子從被動轉為主動

五、及時糾正錯題

題答錯了是孩子出現了失誤，之所以會回答錯誤，一方面是因為孩子對於內容的掌握不足，另一方面是因為孩子解題的時候粗心大意，導致出現錯誤。

不能讓孩子輕易放過錯題，因為其可以最直觀地表現出孩子學習中的問題，要讓孩子改正錯誤並記錄下來，不斷查閱，直到他完全掌握該類型的題目。

1. 改正錯題的步驟

（1）解釋。題目都是富有邏輯的，要從邏輯出發，把對和錯的原因向孩子解釋，幫助孩子釐清思路，讓他們做出正確的判斷。

（2）正確強調。解釋完錯誤原因，強調正確答案，免得讓孩子加重對錯誤答案的印象，所以可以用延伸法、比喻法等對正確答案進行強調，讓孩子對正確答案的印象更加深刻。

（3）重複記憶。每個人的記憶力都是不同的，加強特定內容記憶、重複記憶非常必要。按照一些記憶方法，可以設定時間節點，每隔一段時間讓孩子複習一次，基本上在 7～8 次之後，孩子就記住了

2. 正確使用錯題

1. 有選擇地記錄錯題

孩子將自己的所有錯題都記錄下來既浪費時間，也沒有意

義，甚至會使孩子感到厭煩。那麼，應該在錯題本記錄什麼樣的題目呢？

（1）不會做的題目。由於對某些內容沒有完全掌握，或者概念模糊而產生的錯誤，還包括難度較高的題目。

（2）模稜兩可的題目。透過分析模稜兩可的錯題，可以有效地幫助孩子發現自己的問題。

（3）有挑戰性的難題、典型題。底子比較好的孩子多練習這種類型的題有助於總結方法、拓展思維。

2. 錯題的記錄和分析

首先，標註錯誤。在做錯的地方用彩色筆標出來，可以用三角形、星形等不同圖形把由於粗心、不懂的內容、容易混淆等不同原因出錯的題目區分標註。其次，掌握正確的方法。分析錯誤原因後，把正確的解題方法寫在旁邊——不僅是答案，還應包括解題邏輯，即關鍵點、公式、具體步驟。最後，反思提升，舉一反三。要掌握解決這類錯題的方法；還可以將錯題改編，在同類練習中熟悉解題方法。

3. 定期複習

過多地機械化地練習，不如多翻閱錯題紀錄。翻閱的過程，可以在腦中重溫犯過的錯，從而避免再犯。透過不斷複習、回顧，錯誤就會越來越少。

六、做好筆記和摘要

做筆記的目的是複習。課堂上學習的知識，有時候孩子不能全部掌握，需要反覆多次複習，才能消化吸收。

1. 筆記內容

不要讓孩子將老師課堂上講的內容全部記錄下來，因為這樣做會影響課堂聽課的效率。

課堂上，孩子花費了大量的時間記筆記，理解和思考的時間就會減少。每堂課，不同的孩子所做的筆記的內容應該不完全相同。課堂筆記記錄的內容應該是孩子不懂的或沒有完全理解的內容，應該是課堂上不能立刻記住的內容；是孩子課後需要向老師或其他人請教的內容；是需要進一步加工的內容。課堂上能立即掌握的內容、課本上有的內容就不需要記錄。孩子在課堂上的主要任務是聽老師講解，而不是記筆記。

孩子聽課是主要的，記筆記是輔助方法。不能本末倒置。

2. 課堂筆記法

這裡給大家介紹兩種記錄課堂筆記的方法，如表 4-4 所示：

表 4-4　課堂筆記法

方法	定義	說明
5R 筆記法	又叫作康乃爾筆記法，幾乎適用於一切課程或讀書筆記，尤其是對於聽課筆記，5R 筆記法更是首選	包括以下幾個步驟： 紀錄。在聽講過程中，在關鍵字區（將筆記本的一頁分為左大右小兩個部分，左側為關鍵字區，右側為筆記欄）多記有意義的論述、概念等內容。 回憶。下課以後，盡可能及時地將這些論述、概念簡明扼要地記錄在筆記欄。 背誦。把關鍵字區遮住，只用筆記欄中的摘要提示，盡量完美地敘述課堂上的內容。 思考。將自己的聽課隨感、意見、經驗、體會等內容，與講課內容分開，寫在卡片或筆記本的某一單獨區塊，加上標題和索引，編寫成大綱、摘要，分成類目，並隨時歸檔。 複習。每週花十分鐘快速複習筆記，主要是先看筆記區，輔以關鍵字區。這種做筆記的方法剛開始用時，可以以一個科目為例進行訓練。在這一科目不斷熟練的基礎上，再運用於其他科目。

第四章　掌握方法，讓孩子從被動轉為主動

方法	定義	說明
符號記錄法	在課本、參考書的旁邊加上各種符號，如直線、雙線、黑點、圓圈、曲線、箭頭、三角形、方框、著重號、驚嘆號、問號等，找出種底，加深印象，或提出質疑	在操作時注意以下準則。讀完後再做記號。如果還沒有把整個斷落或有標題的部分讀完並停下來思考，不要在課本上做記號。在閱讀的時候，要分清作者是在講一個新的概念，還是只用不同的詞語說明同樣的概念，只有等讀完這一段落以後，才能回過頭來看出重複內容。這樣做，孩子就不會只抓住一眼看起來彷彿很重要的東西了

七、選用合適的工具書

　　從工具書本身的特性來講，編寫的科學性、嚴謹性，內容的豐富詳實，是其他任何類圖書都無法替代的。

　　對於小學生和國中生來說，最主要的是學會查字典。要具備運用部首、注音等查字法迅速、準確地從字典中查出生字詞的能力，還要有連接上下文語言環境選擇恰當的義項解釋詞語的能力。

　　在挑選工具書時，有幾點要做到。

　　（1）看出版社。要讓孩子選擇那些知名的和在該科目領域有專長的出版社，一般來說這些工具書較有品質保證。

　　（2）看內容。工具書的內容要解析透澈，知識點明確。一般

來說，工具書要選擇高於孩子現有程度的，但不要高出太多，否則會吃不消。

（3）看工具書的出版日期和版本。盡量買新出版和已經修訂過的工具書。

八、培養思考能力

重視求異思維、擴散性思考、辯證思維等思考方法的培養，使孩子的思維能夠靈活。

要努力提升孩子的思考能力，就要進行有目的的訓練。

1. 聚合抽象訓練法

把所有感知到的對象依據一定的標準「聚合」起來，顯示出它們的共同性和本質，能提升孩子的創造性思考活動。首先，對感知素材形成總體認知，發現十分突出的特點；其次，分析問題，形成若干分析的小群，提煉出本質特徵；最後，對提煉的事物本質進行概括性描述，形成具有指導意義的理性成果。

2. 生疑提問訓練法

對事物或過去一直被人認為是正確的觀念或思考模式，勇於並且善於提出疑問，得出新結論，並能運用各種證據，證明新結論的正確性。首先，觀察一件事物或現象時，都要問「為什麼」，並養成習慣；其次，當遇到問題時，盡可能地尋求規律，或從不同角度看待問題，以免被表象所蒙蔽。

3. 思維寫作訓練法

以思維訓練為核心，運用腦力激盪、心智圖、金字塔原理有效解決作文難題。這種方法可以讓孩子在快樂學習中快速提升寫作能力，同時還可以訓練孩子的思維邏輯，將孩子從漫長的寫作訓練中解放出來。掌握先進的思維寫作法，可以使孩子受益一生。

4. 推陳出新訓練法

孩子看到、聽到或者接觸到一件事情時，要讓他們賦予這件事情新的內涵，擺脫原有方法的束縛，運用新觀點、新方法，得出新結論，推陳出新。

5. 集思廣益訓練法

在團體中，孩子應注重彼此交流，集眾多人的智慧解決問題，提升思考能力。

第五章

有效約束,培養孩子的自律與自覺

第五章　有效約束，培養孩子的自律與自覺

不管孩子智商有多高，學習能力有多強，只要不自律，都無法取得理想的成績。不自律的孩子，做事缺少規劃，想到什麼就做什麼，容易虎頭蛇尾，更容易被其他人或事所吸引。事實證明，優秀孩子和普通孩子之間的差距的形成，自律有著重要的作用。

自律的孩子有嚴格的時間觀念，不管是做事，還是學習，都不會拖延，能夠有效抵禦外界的不良誘惑，堅持把自己的事情做完。

自律的孩子有清晰的目標和規劃，會有步驟地向著目標前進。他們堅定，不怕挫折，終會將夢想變成現實。

自律的孩子做事積極，主動性強，他們的心智也比較成熟。

當然，孩子的自律性需要逐漸養成。父母應該耐心地培養孩子，在孩子需要的時候給予幫助。

■ 案例分析：極度自律的可心

■ 案例

上學馬上就要遲到了，可心還在慢吞吞地洗臉、吃飯，媽媽急得直跳腳，只能開啟催促模式。可心被催急了，不耐煩地說：「我做事本來就是慢吞吞的，妳越催，我就越慢。」

媽媽聽後，覺得無可奈何。不過她也開始檢討自己，覺得

案例分析：極度自律的可心

這樣催促沒辦法解決問題。於是她跟可心談判：「以後我們早上7:10出門，妳要自己安排時間。我只會提醒妳，不會催妳，如果做不到，後果自己承擔。」

剛開始，可心也沒太在意，照舊賴床，慢吞吞地洗臉、吃飯。媽媽在旁邊強忍著不說話，等可心準備出門時，離到校時間只剩10分鐘了。不出意外，她果然遲到了，被老師訓了一頓。

放學回家，可心一臉委屈，但接下來依然遲到。

連續幾天之後，鬧鈴響起時，可心開始乖乖自己起床了，之後很少再遲到了。媽媽慢慢地把更多的事情交給可心承擔，比如：每天吃什麼、穿衣搭配等，都讓她自己規劃。

從那以後，可心變得越來越自律，基本上不用媽媽操心了。

如今，可心已經習慣了睡前準備第二天上課的課本；挑出第二天想要穿的衣服放在枕邊。媽媽去超市的時候，可心會寫好自己需要的東西，讓媽媽幫忙買。學校舉辦的郊遊，可心也會一項項列出自己要準備的東西。

許多人都跑來跟可心媽媽討論育兒經驗，她只是笑笑說：「忍得住就可以了。」

分析

縱觀古往今來的名人，幾乎都有一個共同的特質，就是高度自律。

管理學大師史蒂芬·柯維（Stephen Covey）說：「不自律的人是情慾、欲望和感情的奴隸。」自律的人獲得成功的可能性更

第五章　有效約束，培養孩子的自律與自覺

大，成年人都懂得這個道理，然而很多家長沒有意識到應該從小培養孩子自律。自律，更有利於孩子有自覺性和自制力。

自律為孩子帶來的變化，可能在短時間內並不明顯，但是只要經過一段時間的累積，一定會很明顯。

自律讓孩子更優秀。孩子能用嚴格的標準要求自己，才能妥善地規劃自己的學習方式和生活，不斷取得進步，收穫信心。

自律讓孩子更理智。自律的孩子無論做任何事，都會認真思考，不會衝動，也能夠抵擋生活中的各種誘惑。

與自律密切相關的 3 條心理學法則

教育家說：「教育是什麼？教育就是好習慣的養成。」孩子做事總是漫不經心，家長把道理說了成千上萬次，孩子不但一點都沒改進，反而越來越不聽話，怎麼辦呢？掌握以下 3 條心理學法則，就能找到正確培養孩子自律的路徑。

一、霍桑效應

改變，從被關注開始。

為了調查改善工作條件與環境等外在因素與提升勞動生產率的關係，1924 年 11 月，以哈佛大學心理專家梅奧為首的研究

小組進駐西屋（威斯汀豪斯）電氣公司的霍桑工廠。他們選定了繼電器工廠的 6 名女工作為觀察對象，結果驚奇地發現，無論是增加福利（延長休息時間、免費供應點心等），還是減少福利（取消上述措施）她們的工作效率都會提升。

原因何在？從心理學角度來說，當這 6 名女工被抽出來的時候，她們就意識到了自己是特殊的群體，是專家觀察的對象⋯⋯這種受關注的感覺會讓她們努力工作，以證明自己是優秀的、值得關注的。

當個體意識到自己被觀察或被關注的時候，就會刻意改變言語表達或行為表現。這種現象就叫做霍桑效應（Hawthorne effect）。

簡而言之，當你察覺到別人在關注你的時候，就會漸漸地在別人的注視下嘗試改變自己，進而變得更完美。孩子更希望得到這種關注，特別是來自父母的關注。有些孩子原本學習不錯，突然之間變得不愛學習，並嘗試用極端的方式贏得父母的關注。將霍桑效應運用到孩子的實際生活裡，會有意想不到的收穫！

父母對孩子的關注，是孩子努力的動力；父母對孩子的尊重，會增加孩子自主行動的空間。家長應該把對孩子的陪伴當作每天的必修課。陪伴孩子時，要多跟孩子聊一聊，讓孩子透過傾訴說出自己的困惑或不滿，讓他的負面情緒得到宣洩，感受到家長對他的關注，讓孩子知道，自己一直很受家長重視。

第五章　有效約束，培養孩子的自律與自覺

1. 騰出時間陪孩子說話
雖然家長都很忙，但一天中總能擠出十幾分鐘的時間。即使在吃飯的時候，也可以詢問孩子在學校的生活，讓孩子感受到自己是受父母關注的。

2. 尊重孩子的看法
雖然有時候孩子的想法並不成熟，但父母不要經常說「小孩子懂什麼」這類話，以免打擊孩子的自尊心。父母應該多傾聽孩子的想法，讓他覺得自己被重視、被尊重，這樣他就會不停地思考，總有一天會形成成熟的想法。

3. 耐心地傾聽孩子
與孩子交流的時候，家長要耐心傾聽，不能孩子剛開了個頭，家長就提出各種解決方案。應該給孩子更多的空間，讓孩子完整地表達想法，再與孩子溝通。不要過多地干涉孩子，更不要強制孩子服從家長的安排。

4. 包容孩子的負面表達
孩子發洩內心不滿的時候，很容易出現一些負面表達，家長要包容孩子的這些負面情緒，不要和孩子的情緒進行對抗，更不要指責孩子。理解孩子心中的不愉快，讓孩子把所有的不愉快都完整地敘述出來，才能讓他適當地減輕內心壓力。家長以理智、冷靜的態度與孩子交流，才能了解孩子內心真實的想法。

5. 引導孩子進行發洩

家長與孩子交流的時候，要引導孩子發洩負面情緒。孩子的心理還沒有完全發育成熟，如果負面情緒一直積壓在內心，就很容易引發嚴重的心理問題，而這種心理問題往往會伴隨孩子一生。家長要引導孩子進行合理的情緒發洩。

二、延遲滿足

在 1960、1970 年代，史丹佛大學心理學家沃爾特‧米歇爾（Walter Mischel）進行了一系列著名的「棉花糖」實驗。

工作人員招募了一群 4～5 歲的兒童，把他們帶進一個房間，房間裡有一張桌子，桌子上放著一顆棉花糖。

研究人員告訴孩子，自己有事情要離開一下子（約 15 分鐘），如果他回來的時候，孩子沒有吃掉棉花糖，就可以再得到一顆棉花糖作為獎勵；如果吃掉了，則沒有獎勵。

有的孩子在房門關上後幾秒鐘就迫不及待地吃掉了棉花糖，有的等了 1 分鐘，有的等了 5 分鐘，有的甚至等了 13 分鐘。

那些沒有吃棉花糖的孩子透過唱歌、跳舞、閉眼睛等方法分散自己的注意力，直到研究人員回來。

40 年後，研究團隊找到了當年參與棉花糖實驗的孩子，發現那些能夠抵抗棉花糖誘惑的孩子，通常具有更好的人生表現，如事業有成、身體健康等，即使遇到壓力，也不容易崩潰。

第五章　有效約束，培養孩子的自律與自覺

　　這個實驗說明：具有延遲滿足能力的孩子，具備自律的基礎，知道如何控制自己的欲望，嚴格要求自己，以完成既定的目標。對孩子來說，這是一種特別了不起的能力。

　　孩子的自律，可以透過延遲滿足開始實現。所謂延遲滿足感，就是不急於即刻的滿足，不貪圖現實的安逸，合理安排人生的秩序。如果孩子懂得事情輕重以及優先秩序，那麼遇到問題時，他們絕不會逃避，會積極面對問題以及相關的煩惱和痛苦，再想辦法一步步解決。

　　如果孩子只貪圖享受，遇到問題就躲避，無法鍥而不捨地堅持一件事，做事情三分鐘熱情，也不願意多動腦筋，那麼他就無法獲得延遲滿足的喜悅。

　　延遲滿足能力可用來評估孩子是否願意為了更大的利益放棄小的利益，也可用來判斷孩子是否有恆心和耐心。能延遲滿足是一種心理成熟的表現，家長培養孩子延時滿足的能力，未來面臨種種誘惑時，孩子就能控制自己的衝動，專注於更長遠的目標。那麼，家長應該如何幫助孩子培養延遲滿足能力呢？

1. 轉移孩子的注意力

　　如果孩子看到超市貨架上的棒棒糖，哭鬧著要吃，父母不要馬上滿足，要立刻轉移孩子的注意力，可以說：「我們等一下再來買，先去買水果，好嗎？」當買完水果後，孩子已經忘了自己想要吃糖這件事。有時候並不是孩子執意要做某件事情，而

是家長太過執著。當然，如果孩子做到了延遲滿足，家長也要適當給予鼓勵，讓他們明白自己的忍耐是有回報的。

2. 推遲孩子的滿足需求

有時候，孩子可能突然想到一件事情就必須去做。比如，孩子正在寫作業，突然想要看電視，這個時候家長應該推遲孩子的需求，告訴孩子：他可以想看電視，但必須先完成作業。

總之，要讓孩子明白，要為自己的選擇有所付出。如果家長能夠做到這些，孩子就能學會權衡和思考，做出正確的選擇。

3. 堅定地拒絕孩子

孩子都是父母手心裡的寶，對於孩子的一些小要求，父母不忍心去拒絕，但父母一次次的縱容，會讓孩子的延遲滿足能力越來越弱。所以，面對孩子一些無關緊要的要求，家長直接選擇拒絕即可。

4. 選對培養能力的時機

培養孩子的延遲滿足能力要找對時機。對孩子來說，三歲左右是培養此能力的最好時機。因為年齡太小的孩子，對於這方面沒有過多的意識，這時候的培養是沒有任何效果的。而等孩子大了，已經具備一定的控制能力，即使培養，效果也不一定特別好。而對於三歲左右的孩子來說，心智發育都不太成熟，面對誘惑，需要盡力控制自己的欲望，而在一次次的努力和實踐中，孩子就能產生延遲滿足的能力。

第五章　有效約束，培養孩子的自律與自覺

三、破窗效應

1969 年史丹佛大學心理學家菲利普・津巴多（Philip Zimbardo）進行了一項實驗。

津巴多把兩輛一模一樣的汽車分別開到了兩個不同的區域，一個是經濟狀況和社會治安都較好的中產階級社區，一個是相對比較髒亂差的布朗克斯區。他不僅摘掉了車牌，還打開了車頂棚。

停在布朗克斯區的那輛汽車沒過多久就遭到破壞，出現的第一組破壞者是一家三口，他們分別拿走了散熱器和車內可以拆卸的零件。而在這組破壞者之後，陸陸續續又來了很多人，拿走車內他們認為值錢的東西，直到最後整輛車被人拆卸後扒走。而在中產階級社區的那輛車，人們路過、經過它，整整一個星期，都沒人去動它。

後來，津巴多又開始了新的動作，他親自帶著學生用大錘把完好的那輛車砸出了一個大洞。沒過多久，這輛車也消失不見了。

這就是心理學中的「破窗效應」。

破窗效應是犯罪學的一個理論，此理論認為，失去秩序和約束力的環境，會誘導人們產生更多的犯罪行為。如同兩輛車不同的命運一樣，在不同的社區環境中，人們對自我的要求也不一樣。用淺顯易懂的方式來說就是，一個有少許破窗的建築，

如果破窗不加以修繕，可能會有破壞者破壞更多的窗戶；如果有一面牆有很多的塗鴉沒有被清洗掉，那麼很快這面牆上就會布滿了更多亂七八糟的東西；如果人行道上有些許紙屑，那麼不久後就會有更多垃圾。

要讓孩子用自律把生命中的破窗全部翻新，改掉壞習慣，及時修正問題。人們很容易受環境的影響，千萬不要讓「破窗效應」毀掉孩子。

一個人能否一直保持自律，就看會不會打破約束。這種約束，可以是內在的自我要求，也可以是外在的各種規章制度。如果真的不小心打破了這種約束，自律的人會產生一種罪惡感；不自律的人則會沉迷於這種快感中。

及時糾正錯誤，孩子將來就能減少更多的錯誤。真正負責的父母會讓孩子面對自己的過錯，讓孩子更有擔當；剝奪了孩子為自己的錯誤負責的權力，孩子永遠也不會成長為一個自律的人。

有些孩子可能抱有以下心理：「今天先玩一下，明天再寫作業，反正時間還很多。」在這樣的心態驅使下，孩子就會將作業一拖再拖，最後很可能無法完成。所以，父母必須讓孩子意識到「今日事，今日畢」，讓孩子清楚地知道今天的事情今天必須完成，不能拖到明天，幫孩子養成良好的習慣。

第五章　有效約束，培養孩子的自律與自覺

1. 做好知識的整理

要想讓孩子提升學習效率，使每天的學習活動有序地進行，就要引導他對當天學到的知識進行整理。讓孩子為自己安排一段時間，把當天的學到的內容整理後做成一個表格，按科目分類，標出重點、難點、疑點。對於自己學習中的難點、疑點，要集中精力透過查參考書或問老師、同學的方式解決，這樣，孩子的學習效率也會提升不少。

2. 做完一項劃掉一項

在孩子執行學習計畫的時候，要引導他們把完成的學習任務從表格中一一劃掉，孩子就會產生一種「我做完了」的成就感。如果孩子能夠提前完成當天的學習任務，還可以讓他們自己安排一些輕鬆的活動，比如，聽音樂、做運動等，作為對自己的獎勵。

3. 找出浪費時間的因素

在指導孩子提升效率的時候，可以讓他們列出哪些因素阻礙了自己完成當天的學習任務，做到心裡有數。家長要讓孩子明白：不要讓問題像滾雪球一樣越積越多，早日解決問題，學習才會很快有進步。

不自律的孩子，可能缺少一份「日常習慣表」

「日常習慣表」是一種很實用的工具。透過「日常習慣表」，家長可以與孩子達成合作，孩子也能從習慣表的製作及執行過程中，收穫自律和尊重。同時，在這個過程中，孩子的內心還能收穫「我可以」的力量和自信。

與孩子共同製作「日常習慣表」的過程，也是一個訓練孩子溝通、合作能力的過程，家長要採取啟發式提問的方式，幫助孩子擴展思路。只有跟孩子進行適時適當的溝通，父母才能理解、發現孩子的真正需求，而不是對他的規劃進行干涉。

一、製作「日常習慣表」的步驟

1. 和孩子一起製作「日常習慣表」

幫助孩子製作「日常習慣表」，鼓勵孩子自律，讓孩子參與，他們往往更樂於遵守。

2. 用腦力激盪想出需要做的所有事情

讓孩子想出從早上起床到晚上上床睡覺期間該做的所有事情，家長做好記錄，適當給予補充和修正。

3. 確定「日常習慣表」

和孩子一起討論，確定孩子一天的「日常習慣表」，並為每件事情確定最後完成的時間。

4. 記錄孩子做的每件事

孩子做每件事情，都要在習慣表的相應欄位上做好記錄。孩子在習慣表上看到自己做的每件事情，就會受到鼓勵。

5. 讓「日常習慣表」說了算

在多數情況下，孩子會熱情地遵守自己的習慣，如果他忘了，家長可以提醒他。如果孩子能夠自己說出來，而不是由你告訴他時，他會更願意合作。家長要用和善而堅定的方式，認真執行「日常習慣表」。

二、發揮「日常習慣表」應有的作用

要發揮「日常習慣表」應有的作用，家長需按照以下要求去做。

1. 要溫柔地堅持

父母既要溫柔又要堅持，為孩子建立的習慣表才會發揮作用。遇到問題時，要結合孩子的習慣表，千萬不要一味地說教。

2.「日常習慣表」應包括所有的家庭成員

當每個家庭成員都有習慣表,並堅持按照習慣表做,「日常習慣表」才有效。父母不應該把需要完成的任務清單留給孩子,自己卻不遵守。

3. 不要以獎勵剝奪孩子的主動性

貼小貼紙和物質獎勵並不是尊重孩子,因為這些暗示著:沒有獎勵,孩子就可以什麼都不用做。其實,孩子越能照顧自己,越覺得自己能幹,越能受到鼓勵。

記住,制定「日常習慣表」的最終目的是讓孩子覺得自己很能幹,覺得受到鼓勵,由此帶來的一個額外好處就是父母可以不必再嘮叨。

三、制定「日常習慣表」的注意事項

制定「日常習慣表」要注意以下事項,如表 5-1 所示。

表 5-1 制定「日常習慣表」的注意事項

注意事項	說明
內容明確	要從孩子的需求出發,充分尊重孩子,邀請孩子參與製作習慣表,孩子參與得越多,後續執行越積極。同時,家長要跟孩子一起把要做的事情寫下來或畫下來。先將要做的事情全部呈現在紙上,家長再問先後順序

第五章　有效約束,培養孩子的自律與自覺

注意事項	說明
約定時長	把要做的事情約定一個時間。時間的約定,也要充分尊重孩子的意願,沒必要一步到位,可以先執行,後面再慢慢加快速度。比如,這次約定 7 點半起床,實行一段時間後,可以和孩子商量:你想不想早點到學校和同學玩?如果孩子想,就問他能否再早一點起床。總之,要循序漸進
執行時間逐漸增加	問問孩子,這份「日常習慣表」執行多久為宜?建議第一次可以試用 3 天,3 天後,有用就繼續,再延長 10 天;沒用再調整,調整後再約定 3 天
有儀式感	和孩子一起制定「日常習慣表」,一定要讓孩子有儀式感,比如:打勾勾、錄音、讓孩子把「日常習慣表」張貼起來等。同時,還要由孩子告訴家人,孩子要開始執行習慣表了,家人要給予鼓勵
設定獎懲機制	家長要先問孩子:遵守習慣表你想要得到什麼獎勵?然後問孩子:如果沒遵守,可不可以接受父母的懲罰呢?親子雙方先就後果達成共識,並且寫或畫下來
認真對待執行問題	在執行「日常習慣表」的過程中,肯定會遇到孩子拖拖拉拉的問題,家長不要指著貼在牆上的習慣表責怪孩子,應描述事實,提醒他、鼓勵他改正。如果孩子依然不遵守,就得按照當初約定的懲罰來執行

第六章

減少質疑,被信性的孩子才有主動性

第六章　減少質疑，被信性的孩子才有主動性

心理學家喬伊斯・布羅瑟斯（Joyce Brothers）曾說：「愛的最好證明就是信任，信任孩子才是給孩子最好的愛。」要想提升孩子做事的主動性，首先要信任孩子。因為，被信任的孩子才能將自身潛力挖掘出來。

父母的不信任並不會隨時間的流逝慢慢消失，反而會像烙印一樣刻在孩子心裡，讓孩子否定自己、貶低自己。

父母對孩子缺乏信任，質疑他們的能力、質疑他們的為人、質疑他們的品格……會壓抑孩子成長的潛力和探索的欲望，阻礙孩子獨立意識的養成，影響他們的發展。

父母的信任，是孩子探索世界的基礎，更是孩子積極性的驅動力。只有被信任的孩子，才勇於冒險，才不會被絕望和挫折壓垮。

如果孩子是風箏，那麼父母就是握著風箏線的人。不相信孩子，總是否定孩子，孩子怎麼能飛得高、飛得遠？

▌案例分析：不被信任的欣妍

■ 案例

一天，欣妍和兩個孩子去朋友家裡玩，結果朋友家放在客廳的 50 塊錢不見了。

案例分析：不被信任的欣妍

　　小朋友的家長便通知在場小朋友的家長，想調查清楚誰拿了錢。兩個小朋友的家長極力否認，表示自己的孩子不可能偷錢。只有欣妍媽媽不由分說，拿起棍子就打欣妍，認定是欣妍拿了錢。欣妍感到很委屈，只能聲嘶力竭地哭喊……

　　媽媽對這些誤解不以為然，理所當然地認為隨著時間的流逝欣妍會慢慢淡忘，卻不知，被冤枉的傷痛不僅沒有消失，反而像烙印一樣刻在欣妍心裡。

　　16歲時，欣妍生了一場大病，再次回到學校，她發現自己跟不上學校的進度，逐漸沉迷於網路。為了戒掉欣妍的網路成癮，母親以旅遊為藉口，把她騙到了網路成癮治療機構。

　　來到這間機構，欣妍才知道，所謂的「治療」，包含了不少的體罰折磨。欣妍向媽媽求救，媽媽不相信她，認為她過於任性，要求她「再忍一忍」。

　　發現媽媽不信任自己，欣妍覺得心如死灰，陷入不斷做噩夢的困境，總是夢見自己被孤立，而自己總需要努力證明自己是對的。她開始揣測別人的心思，希望別人能注意自己。她每時每刻都神經緊繃，總有一種被拋棄的不安全感。

　　欣妍變得越來越自卑，不相信任何人，覺得生命沒有意義，害怕被這種感覺支配一輩子。不被信任的欣妍心裡像有個無法被填滿的洞，這個洞一點一點蠶食著她內心僅存的光芒。極度絕望之下，欣妍再也不相信媽媽，再也不願意努力，她自暴自棄，不願意學習，對其他事情也提不起興趣。

第六章　減少質疑，被信性的孩子才有主動性

■ 分析

如果孩子陷入不被信任的泥沼，孩子的自信和尊嚴都會被蠶食，當身邊只剩下冷漠的懷疑，他對世界也會產生懷疑。現實中，不信任孩子的父母很多：

孩子幫忙端盤子，媽媽會立刻阻止：「你不會端，快放下，別摔破盤子了。」

孩子拿掃把掃地，爸爸說：「別掃了，你掃不乾淨，去玩吧。」

孩子嘗試新事物，父母說：「做事沒耐心，一看就不行，算了吧！」

父母之所以會這樣做，除了溺愛外，更是因為不信任，不相信孩子可以把事情做好。

這種情況持續的時間久了，孩子就會受到打擊，繼而變得不願嘗試新事物。

孩子想得到父母的信任，如果父母信任他，他做事就會更積極，速度也更快。反之，不被父母信任，他會覺得不管自己怎麼努力，都做不好，自暴自棄。

不信任還會阻礙孩子獨立個性的養成，阻礙其能力的發展。

在所有教育的元素裡，信任這個元素意義非凡，有著舉足輕重的作用。

被信任的孩子，究竟有多強

當孩子被信任的時候，他就能被父母看到，即使生活在艱苦的環境裡，也能活出高貴的樣子。信任的力量遠超我們的想像，父母給予孩子信任，會對孩子產生十分重要的影響。

1968年，羅森塔爾帶助手來到一所鄉村小學，在一到六年級各選了三個班，對18個班的學生進行了一個「未來發展趨勢測驗」。測驗結束後，他把一份「最有發展前途者」的名單給了校方。這個名單占了學生總數的20%，其實校長和學生都不知道的是，名單上的學生都是羅森塔爾隨機選的。一段時間後，羅森塔爾再次來到學校，發現上了名單的學生，成績大多數都有了顯著提升，且性格更外向，自信心、求知欲都變得更強。

因此羅森塔爾提出了一個現象，叫做「權威性謊言」。他認為，他對於校方來說是權威，而校方對於學生來說也是權威，將「你最有發展前途」的「謊言」傳遞到學生身上，學生就能變成這樣的人。

該實驗驗證了：老師或父母信任孩子，孩子得到積極向上的回饋，人生才能朝著積極的方向前進；反之，孩子就會向相反的方向發展。這就是心理學上著名的「羅森塔爾效應」，意思是說，當孩子被給予正向的暗示和期待，就會產生一種信念和力量，他們的表現也會越來越符合期待。

曾經有青少年研究中心做過一項調查，發現最受孩子喜歡

第六章　減少質疑，被信性的孩子才有主動性

的 10 種父母的做法中，排第一的是「信任」。毫不誇張地說，被相信，被肯定，被接納，是人性中的「必須」，其重要性不亞於食物和空氣。無論生活條件好壞，是否考入名校，被父母堅定相信著的孩子，才是最富足、最快樂的。在孩子成長的過程中，信任是父母給予孩子的最好禮物！

愛的最好證明就是無條件信任。如同《麥兜的故事》裡麥太對麥兜說過的那樣：「全世界的人不愛你，我都只愛你；全世界的人不信你，我都只信你；我愛你愛到心肝裡，我信你信到腳趾頭裡。」在信任中長大的孩子，無形中會多出一股力量。這股力量會滋養孩子的心靈，促使孩子發揮自己最大的潛能，激勵他克服生活中的種種困難，朝著目標前進。

1. 父母對孩子的信任，是孩子最大的內在動力

收穫了父母的信任，孩子才會嘗試更多的努力，帶來更多的驚喜。因此，不要羞於表達對孩子的信任和鼓勵，要告訴孩子「你很優秀」，認可他的優點。

2. 相信孩子，孩子就會更自信

相信孩子，孩子才能增強內在的力量。孩子完全能感受到父母是否信任自己，如果想要孩子更加自信，就要從現在開始，相信他。

3. 孩子的力量源於父母的信任

孩子可以從父母身上獲得足夠的力量，如果父母對孩子足

夠信任,那麼孩子的力量就能彰顯出來,做事更有幹勁,內在就不會產生無力感,始終會感覺能量滿滿,充滿了希望。

4. 相信孩子,孩子做事才能竭盡全力

沉浸在父母的信任中,孩子就能成長得很好,不必考慮哪裡做得不對、哪裡做得不好,孩子完全是放鬆的和自由的。如此,孩子就能安心地成長,並為自己喜歡的事情竭盡全力。

5. 相信孩子,孩子的興趣就能被啟發

相信孩子,孩子就能做自己想做的事,他的內心就能很篤定、很自在。因為他知道,無論自己做什麼,只要不違反法律和道德規範,不傷害自己和他人,父母都會允許。有了這種信任,孩子就能勇敢地向前走。

6. 相信孩子,孩子內心的安全感會更足

真正的安全感來自內在,不管外界環境如何變化,孩子的內心都會感到安全。父母要給予孩子安全感,信任他、欣賞他,發現他身上的亮點。

持續這樣做,就能滋養到孩子。

7. 信任能讓孩子更加有成就感

信任等於父母將一切都託付給了孩子,孩子在承受重大的責任時,一定會更加努力地去做自己想做的事情。研究發現,不被信任的孩子容易對生活喪失興趣。他們被父母無限制地監

督,從一開始就喪失了自主權。而那些被信任的孩子,卻能把事情都做得非常出色,因為父母給予了他們自主的空間。

8. 被信任的孩子往往更自立

自律和自立一般都是同時進行的,只有自律的孩子,才能變得更自立。父母的信任是開啟孩子自律的第一把鑰匙,當孩子不被父母管控的時候,往往可以變得更加出色。其實,父母信任孩子也是在為孩子提供開闊眼界的機會,使他提升做事的主動性。

9. 被父母信任的孩子活得自信而坦蕩

孩子得到父母信任並被寄予正向的期待時,就會朝著正面的方向努力,表現也會越來越好。如果孩子是向日葵,那麼父母的信任就是陽光,不需要藉助風勢,只需向著太陽,就能驅動自己成長。孩子終究要自己面對未來,父母不是「裁判」,更像「啦啦隊」,可以給予孩子鼓勵與關愛,給予孩子力量與信任。被父母信任的孩子,注定能活得自信而坦蕩。

10. 父母信任孩子,親子關係更好

以信任為前提的人際關係,會隨著交往的深入變得越來越親密;總是互相懷疑,猜忌對方的話語和行為,這段關係一定會破碎。在親子關係中,也是同樣的的道理。父母的信任是孩子的信心。孩子從父母那裡感受到信任和理解,往往更願意敞開心扉,親子關係也會越來越好。在順暢的溝通中,父母更容

易了解孩子，孩子也更容易聽從父母的建議和指導。

……

正如教育家史賓賽所說：「當孩子感到被愛和被信任時，不久奇蹟就會出現在你眼前。」父母的信任，可以給予孩子足夠的安全感，這些安全感是孩子一生的靠山，讓孩子有信心離開舒適圈，勇敢追夢。父母的信任，可以賦予孩子一雙翅膀，幫助孩子勇敢地展翅翱翔，去闖蕩、去奮鬥、去實現自己的夢想。

父母對孩子的信任是最大的內在動力，所以家長不要吝嗇對孩子的信任，要告訴孩子「你很棒」、「我相信你」。

對孩子表達信任的 2 個工具：相信和認同

父母對孩子表達信任，孩子才會對生活充滿勇氣，對自己充滿信任。事實證明，只有充滿自信與勇氣的孩子，才能面對生活中的各種挑戰，抵抗外界的壓力，激發自己的內在潛能。父母要發自內心地信任和尊重孩子，讓孩子感受到被接納、被認同。

一、相信

1961 年，皮爾・保羅來到一所各方面條件都很差的小學當校長。當時學校硬體設施不好，大部分學生也遊手好閒，根本

第六章　減少質疑，被信性的孩子才有主動性

就不肯讀書。看到這些學生，他感到很頭痛，也為孩子們感到惋惜，他使用了很多辦法，都沒讓學生變得積極向上。

小羅爾斯就是這個學校的學生之一，他像這裡的多數學生一樣，不愛學習，喜歡打群架、鬥毆、吸菸，無所不做。

有一天，小羅爾斯又像平時一樣從窗臺跳到教室裡「上課」，被皮爾‧保羅逮個正著。

小羅爾斯低頭站著，心想，一定免不了一頓教訓！讓他始料未及的是，皮爾‧保羅輕輕地托起他的小手，湊到眼前端詳了好久，然後笑咪咪地說：「不得了了。你有這麼修長的小拇指，將來肯定是這個州的州長。」

小羅爾斯內心激動萬分：不會吧？我以後會是這個州的州長。我記得小時候奶奶跟我說過，我可以成為五噸重的小船船長，那已足夠讓我遐想聯翩了。這次竟然是紐約州的州長，是的，我一定要讓它變為現實。

從那天起，羅爾斯像脫胎換骨一樣，衣服不再沾滿泥土，每天神采奕奕地去上學。在以後的40多年間，他都按州長的身分要求自己，最後在51歲，終於成了州長。

人很容易受暗示的影響。如果孩子總是被別人暗示為品行端正、善良友愛，他就會在這種氛圍裡漸漸萌生出自我肯定的意識，品行就會朝著健康的方向發展；如果孩子總被暗示為有某個問題，就會在這方面不斷地自我否定，逐漸喪失自信，走向壞的方向。

對孩子表達信任的2個工具：相信和認同

研究發現，在別人不斷的暗示下，個人的外貌也會發生改變。相貌平平的人，整天都沉浸在讚賞的目光下，就會變得越來越光彩照人；五官標緻的人，在不斷的蔑視中，也會變得無精打采。

父母對孩子的信任是父母對孩子最好的肯定和期待，是孩子勇往直前的巨大的力量泉源。孩子需要認可，父母要無條件地信任孩子，讓孩子感受到爸媽的愛。那麼，怎麼才能做到相信孩子呢？

1. 不要拿自家孩子跟別人比較

每個孩子都有成為好孩子的欲望，家庭教育就是要讓孩子找到「我是好孩子的感覺」。孩子感受到「我是好孩子」，信心就會大增，學習就會充滿活力。總是拿孩子與別人進行比較，孩子就會覺得「我什麼都不如他人」，從而喪失前行的勇氣，蜷縮在心靈的角落裡嘆息。

比較，本身就是一種傷害。在比較中處於強勢一方的孩子，會因此沾沾自喜，從心裡產生高人一等的感覺；而處於劣勢的孩子，會因為自愧不如而心灰意冷。嚴格說來，人與人之間並沒有可比性，因為每個孩子都是具體的，都有其個性，其生活背景、成長經歷都是有差異的。讓孩子進行某方面的比較，本身就是不公平的。

2. 主動放手，不要給孩子太多的保護

在家庭中孩子聽得最多的是「不准」，不准這樣，不准那樣。在此起彼伏的「不准」聲中，他們中規中矩，不敢越雷池一步。如此狀態下成長起來的孩子，內心就會被一種無形的東西束縛，只會聽命於他人，沒有主見，更談不上創新。

父母總是怕孩子受到傷害，這是對孩子的一種本能的保護欲。其實，完全可以嘗試轉變想法和看法，只要不涉及人身安全和健康等重要事項，都可以認為它是能夠帶給孩子收穫的。孩子就是一顆種子，想要讓他長成參天大樹，除了陽光、雨露和除蟲，還需要放手讓他們去經歷風吹雨打。

3. 不要表露太多焦慮情緒

很多父母的焦慮伴隨著孩子的成長。

看到別人家孩子會說話、會走路了，於是擔心自己的孩子說話晚、走路慢；

孩子會說話了，擔心孩子不喜歡看書；

孩子學會看書了，擔心孩子成績不好；

⋯⋯

父母在養育孩子的過程中，似乎就沒有放鬆的時候。

身為父母，多數時候我們面對的焦慮，並不是孩子智商有問題，而是孩子在現有的智力水準上如何應對和處理壓力的問題。無論聰明、愚笨，還是普通智力，孩子都會遇到自我質疑的

時候。父母的焦慮，傳遞給孩子的訊息是「你不行」。孩子從父母的種種焦慮裡感受到不信任，潛意識就會認為「我不行」，做事就會畏頭畏尾；只有父母不焦慮，孩子才能自信地勇往直前。

4. 不要任意貶低和質疑孩子

有些父母覺得孩子還小，在很多事情上都不懂得尊重孩子，總是貶低或質疑孩子。比如，當著親朋好友的面隨意談論孩子的缺點或者過去做過的某些糗事，用責怪和羞辱的方式來督促孩子改正錯誤。

在孩子的成長過程中，撒謊、耍賴或做錯事都是免不了的。父母如果不斷地指責和質疑，會讓孩子覺得父母不信任他。想讓孩子做事更積極主動，遇到類似的問題，就要相信並幫助孩子改正錯誤。

5. 給孩子犯錯的機會

孩子的成長之路其實就是不斷試錯的過程，父母要允許孩子犯錯，並讓他從錯誤中吸取經驗教訓，豐富自己的知識和閱歷。父母應該相信孩子的能力，相信他能夠處理好自己的事情。這樣，不僅能增強孩子的自信心，也能培養他們獨立自主的性格。

6. 多跟孩子溝通交流

父母忽視了和孩子的交流，就無法知道孩子內心的真實想法了。長時間缺少親子之間的交流，孩子就會對父母失去信任，

當孩子再次遇到問題時，就不願意向父母求助了。

父母是孩子最信任的人，只有得到父母無條件的信任，孩子才會真正信任父母，相信父母會幫助他們解決人生困境，走向美好的未來。

二、認同

網路上曾有這樣一個提問：得不到父母認同是一種怎樣的感受？

網友回答了自己最真實的情感：

因為從小不被認同，長大以後的我，一個人在外，無論多苦多累，受多大委屈，都不會想到要打電話回家；

因為從小不被認同，我從小想逃離家，長大後也不願意回家；

因為從小不被認同，我內心無比孤獨，始終覺得世界上只有我自己；

因為從小不被認同，我對他人的期望值無比低，還沒有接近，就做好了被人背叛的準備；

……

透過這些文字，我們能看到一顆顆無助的、脆弱的心靈。孩子的內心都渴望被父母認同，否則，他們會感到自己是有缺陷的，是不完整的。

對孩子表達信任的 2 個工具：相信和認同

父母的認同，是孩子自信的泉源。認同孩子，是父母給孩子的最好的禮物。

孩子是透過父母看待這個世界的，父母給予的認同，將影響到孩子面對世界的態度。

孩子跌跌撞撞地往前走，摔倒時總會回頭看向父母的方向，他們最終選擇勇往直前，還是沮喪後退，關鍵都在父母的每一次認同中。父母給予的認同，像一把開發孩子潛能的鑰匙，激勵著孩子勇敢前行。

家長對孩子的認同，會讓孩子擁有無窮盡的勇氣。他們勇於面對未知的一切，即使撞得頭破血流，也毫不畏懼。不被家長認同的孩子，內心充滿了委屈，希望得到父母的關注，卻又擔心會受到父母的否定，只能活得戰戰兢兢。

孩子不被家長認可，將會承受太多的負面感受，如表 6-1 所示。

表 6-1　不被父母認同的孩子的內心世界

表現	說明
持續否定自己	不被父母認同的孩子，無論做什麼事情，都會習慣性地討好別人，否定自己，即使自己已經做得足夠好，仍然會擔心受到別人的指責。他們認為自己不配擁有更好的，不懂得積極爭取自己想要的，一味自怨自艾，生活在灰暗之中，卻又無能為力

第六章　減少質疑，被信性的孩子才有主動性

表現	說明
找不到前進的方向	父母的認同是孩子成長路上的助力，父母不認同孩子，孩子將會迷失在前進的途中。孩子習慣了被父母否定，彷彿自己做什麼都是錯的，找不到前進的方向。缺少了父母的認同，孩子猶如無根之木，即使已經很努力了，仍然一頭霧水，找不到未來在哪裡
內心極度敏感	長期得不到父母的認同，孩子的內心就會極度敏感，會因為別人的一句話或一個眼神而黯然傷神，容易因為自己的錯覺而失去和諧的人際關係。他們認為自己是不是受歡迎的，極度敏感，活在自己臆想的世界裡無法自拔。

每個孩子都有亮點，父母不能總盯著孩子的缺點，要將重點放在孩子的優點上。被父母認同的孩子更優秀，認同孩子，父母可以從這幾個方面著手。

1. 多給孩子正向的暗示

孩子年齡小，做事情難免出錯，父母要努力支持孩子，給予孩子正向的暗示，讓孩子調整自己，大方地展現自己。即使孩子做錯了，家長也要給予正向的回饋，告訴孩子，我相信你一定是無心的，下次你一定可以做好……給予孩子前進的動力，讓孩子勇於糾正自己的錯誤。

2. 告訴孩子，父母的愛一直都在

不管怎樣，都要告訴孩子：爸爸媽媽對你的愛一直都在，不管你走到哪裡，只要你轉身，我們都在你的身後，是你永遠

的依靠。

父母要無條件地認同孩子,無條件地支持孩子,給孩子無窮盡的愛,相信孩子可以發掘自己的潛力,用自己的方式面對未知的一切,找到屬於自己的道路。

3. 對孩子的感受給予實時回應

當孩子情緒不好時,父母要及時回應,不要一味地講道理。

4. 用實際行動讓孩子覺得你是認同他的

父母不僅可以用言語來表達自己的認同,還可以透過行動來表示這種認同。例如,送禮物或擁抱就是在用行動表達認同。

第六章　減少質疑，被信性的孩子才有主動性

第七章

重視計劃,有條理的孩子更有執行力

第七章　重視計劃，有條理的孩子更有執行力

高爾基（Maxim Gorky）說：「不知明天該做什麼的人是不幸的。」每個孩子都應該具備計劃觀念和計劃能力，這樣就能有條理地安排學習和生活。

對於孩子來說，做事有計畫，才能提升做事的主動性。有了計畫，孩子就能井然有序地處理事情，而不會手足無措。做事沒有條理，不僅無法很好地照料自己的生活，更無法很好地學習。

只有制定切實可行的計畫，孩子才能知道每天應該做什麼、怎樣做才有助於目標的實現。做事沒有條理或沒有計畫，孩子的人生之路將會比其他人走得更辛苦。

做事有計畫，不僅是一種能力，更是個人性格的重要組成部分。在孩子的成長教育過程中，家長幫助孩子養成這種習慣，對孩子的一生非常有助益。

▍案例分析：不願意制定學習計畫的靖瑤

◼ 案例

平時，靖瑤最喜歡說的話就是「不急」、「等一下」、「慢慢來」……

期中考試前，靖瑤把多數複習時間都花在自己喜歡的科目上了，其他的科目則能拖就拖、草草收尾。結果成績發下來

案例分析：不願意制定學習計畫的靖瑤

一看，喜歡的科目幾乎滿分，不喜歡的科目慘不忍睹。爸爸勸她重視比較薄弱的科目，可是她怎麼也聽不進去，甚至越來越懈怠。

有一次奶奶過生日，晚上全家人一起吃飯，媽媽就讓她趕快在出發前把作業寫完。靖瑤嘴上答應，動作卻拖拖拉拉的。吃完飯後回來繼續寫，搞到半夜一點才完成。

類似的情況太多了，道理也說了又說，就是沒什麼效果。

舅舅是一位收藏愛好者，他發現外甥女做事沒有條理，經常亂放東西，要用的時候翻箱倒櫃地找，弄得一團糟。為了讓外甥女養成做事有條理的好習慣，舅舅想到了一個好辦法。

一天，靖瑤又一次好奇地看著舅舅擺弄那些小東西。

舅舅說：「喜歡收藏的人，任何時候都會感到快樂。」

靖瑤好奇地問：「舅舅，你說的是真的嗎？我也想收藏。」

舅舅笑著說：「可以啊。」

「可是，我應該收藏什麼呢？」靖瑤像小大人一樣嘆了口氣，「唉，我什麼都不懂呀。」

舅舅說：「什麼都可以啊，妳喜歡畫畫，就可以收藏一些美術作品，比如小貼紙、好看的圖片等。」

靖瑤高興地說：「那很容易，我收集了很多圖片。」

沒想到舅舅卻潑了她一頭冷水：「『收』容易，『藏』很難，妳不要說大話哦。」

靖瑤趕忙說：「這有什麼難的？不是放在一起就可以了嗎？」

第七章　重視計劃，有條理的孩子更有執行力

「才沒那麼簡單。要分門別類，得有條理。妳能做到嗎？」舅舅故意使用了「激將法」。

果然，靖瑤馬上就說：「只要你教我，我就能學會。」

舅舅看到自己的方法奏效了，趁熱打鐵，開始教靖瑤如何分類。

舅舅說：「我教你一種國際上最常用的分類方法吧，就是十進分類法。做法就是，將資料從廣泛到細緻分成不同層級，每個層級以 0～9 為記號，將所有資料分為 10 大類、100 個次分類、1,000 個細分類，形成系統性的分類方式。」

靖瑤不太明白，追問道：「這些分類是甚麼呢？」

舅舅告訴她，最上層的類別代表主要的知識領域，例如：1 是哲學，2 是歷史，3 是社會科學，4 是自然科學⋯⋯，這樣的分類可以幫助我們更有條理地整理與查找資料。

在舅舅的指導下，靖瑤將自己的圖片分門別類地整理了一番，看起來有條理多了。學會了這個方法，靖瑤開始了自己的收藏生涯。半年後，她不僅有了兩本厚厚的條理清晰、井然有序的畫冊，還養成了分門別類的好習慣，做其他事情也變得更有序了。因為東西擺放有序，做起事情來，她也不再慢吞吞地了，主動性大大提升。

■ 分析

現實中，很多孩子總感覺每天事情太多，時間不夠用，看起來忙忙碌碌，實際效率很低。這種孩子通常都缺少計劃意識。

案例分析：不願意制定學習計畫的靖瑤

他們的生活和學習缺少主動性，需要別人在後面推著走，自己一直疲於應付，丟三落四。寫作業時想著看電視，看電視時想著家事，做家事時想著運動……不對事情進行總體安排，不清楚每件事的步驟。分不清輕重緩急，就無法養成做事有計畫的好習慣。

孩子做事缺少計畫，通常都有以下幾種表現。

1. 做事總是丟三落四

現實中，很多孩子都是粗心大意，比如：永遠整理不好自己的書包、上課時總是差一枝筆、回家後總是差一本作業……家長提醒了無數次，他們好像一句也聽不進去。丟三落四是很多毛病的外在表現，缺少計劃性則是內在原因之一。孩子不仔細安排各種事情，總是等著父母幫助自己，就容易養成丟三落四的習慣。

2. 做事有頭無尾

有的孩子做事情只顧開頭，不管結尾，不會全面性地考慮整件事情。三分熱度也是這種毛病的表現之一。任何事情在開始之後都需要認真往下進行，才能完成，形成閉環。孩子通常都缺少這種思考習慣，父母需要幫他逐步建立起完整的思考模式，並提醒和監督孩子以這種態度面對事情。

第七章　重視計劃,有條理的孩子更有執行力

3. 想到什麼就做什麼

有些孩子做事隨心所欲,他們沒有所謂「在某個時間該做些什麼事」,而是「我現在想做什麼就做什麼」,沒有輕重緩急之分。比如,小學階段需要父母守著才做作業的孩子,通常都有這種毛病。這樣的孩子既沒有計劃性,也沒有自律性。

對於一個孩子來說,有規劃不僅是一種做事的習慣,更反映了他的做事態度,是孩子能否取得成就的重要因素。此外,做事有規劃還是一種需要終生保持的良好習慣。因為它可以幫助孩子有條不紊地處理學習和生活中的事情。

凡事豫則立,不豫則廢

無目標的努力,如同在黑暗中的遠征;而不同目標的實現,也需要不同的策略和備案,只有明確了方向與目標,計畫才能有跡可循、有規律可依。

很多家長可能會擔心,做這些計畫要額外花費很多時間,豈不是又額外增加了孩子的負擔?其實,並非如此。合理的計畫不僅能使孩子有效利用時間,遊刃有餘地學習和生活,還可以有效培養孩子做事情的條理性、統籌時間以及思考分析的能力。

孩子做計畫,不僅能讓他的目標變得更清晰,還能讓孩子體會到努力後的成就感。家長要對孩子進行陪伴與引導,與孩子

一起釐清計畫、評估方法,讓孩子學會規劃,成就未來的人生。

由於孩子的性格還沒定型,因此,在孩子小時候就幫他們制定計畫,不僅有利於孩子的做事習慣的養成,還有利於孩子性情的培養。

家長要結合學校教育、家庭教育和孩子自身的實際情況,幫助孩子制定成長計畫,使整個家庭教育過程不偏離正常的發展軌道,為孩子的成才產生引領、監督和調整的作用,助力孩子成長。

具體來說,家長要從以下幾方面做起。

1. 設定成長目標

無論是學習還是生活,孩子只有明確目標並朝著目標不斷努力,才有可能成功。

成長目標清晰了,就會激發孩子內在的學習動力,並朝著目標不斷地努力。父母可以和孩子溝通交流,尊重孩子的內心需求,問問孩子,自己渴望成為怎樣的人;然後,引導孩子關注身邊的榜樣,或給孩子確定一個可以學習的模範,讓孩子了解努力達成的模樣,朝著這個模樣奮發向上,努力成為自己渴望成為的人。

另外,家長還可以參照這樣的育人目標來引導孩子:明辨事理、文武兼得、勞逸結合的現代人。在實現目標的過程中,與明辨事理對應的是品德與情感教育,與文武兼得對應的是智

第七章　重視計劃，有條理的孩子更有執行力

育與體育，與勞逸結合對應的是勞動教育和美育。明辨事理、文武兼得、勞逸結合涵蓋了德智體美勞情各角度，可以促進孩子全面發展，讓孩子成長為自信、自律、能自食其力的青少年。

2. 合理分配時間

追求孩子的全面發展，就是順應孩子的發展天性，將孩子本該有的健康快樂童年還給他。生活本身就是一本百科全書，要讓孩子在生活中成長，做到學習和生活兩不誤，將二者都兼顧到。

跟孩子一起設定成長目標後，要引導孩子合理地分配學習和生活的時間。最好為孩子留出玩耍的時間，讓孩子每天都擁有用來「玩」的時間和空間。家長要將這個時間和空間交給孩子，由孩子自由支配。

只學不玩，孩子會變成書呆子。孩子每天的睡眠時間最好保持 9 個小時左右，飲食時間控制在 2 小時左右。滿足了睡眠和飲食後，再拿出 8 個小時進行知識的學習。剩下的 5 個小時最好用來訓練孩子感興趣的內容，鼓勵孩子參與同伴的往來，推進孩子的社會性情感學習。

家長可以參照這樣的時間比例合理分配孩子一天的作息時間，把生活、學習、運動、勞作、遊戲、興趣等內容有序地安排好，按部就班，這樣孩子的生活和學習就會變得從容很多。學會時間管理，孩子生活中的每分每秒都能變成生命中美好的時刻。

3. 計劃安排內容

要努力讓孩子發展成性格好、身體好、學習好的「好學生」，除了重視每天的知識學習，還要著重在培養孩子的興趣愛好、探索與好奇心、注重誠信、堅韌的意志品格、良好的性格、高品質的人際溝通和團隊合作能力……這些對於孩子的成長至關重要。

在計劃孩子的成長時，應當圍繞孩子的興趣愛好安排學習和活動內容，將自信、自律、追求自食其力等理念融入孩子的成長計畫中，如表 7-1 所示。

表 7-1　計畫安排方法

方法	說明
每天要有相對固定的閱讀時間	閱讀，是個開闊視野、活躍思維的好方法。古人早就告訴我們：書中自有黃金屋！
根據孩子的興趣，每週安排一個時段，培養孩子的藝術專長，陶冶情操	關於藝術專長的培養，要處理好「淺嘗即可」和「堅持不懈」的關係，有些藝術專長的培養只要讓孩子接觸一下即可，刺激孩子在這方面的興趣；有的項目則需要長期堅持，比如練好書法或精通一門樂器等，需要家長的引導和鼓勵，納入成長計畫中逐步實現
每天抽出一定的時間做家事勞動，讓孩子養成做家事的習慣和對家庭的責任感	不要將孩子拒於家務之外，因為身為家庭成員之一，孩子有責任承擔家庭事務。不捨得孩子做家事，不僅不利於其基本生活能力的培養，還可能將他養成一個自私自利的人

第七章 重視計劃，有條理的孩子更有執行力

方法	說明
讀萬卷書，行萬里路	家長可以與孩子一起商量，列舉打算外出遊歷的地點，讓孩子開闊眼界，增長智慧，胸懷天下。最好結合短途與長途旅行，將自然與人文相結合

家長在跟孩子一起制定計畫的時候，要根據孩子自身的特點去籌劃和引導。每個孩子的成長計畫都應該是獨一無二的，每個孩子身上都有其他孩子所不具備的亮點，家長的責任就是挖掘孩子的亮點，並在孩子啟蒙的時候以合適的方式點燃它。

4. 學會落實成長計畫

即使成長計畫做得再完美，不落實，也只是空談。家長和孩子一起制定成長計畫後，一定要把這份計畫轉化成每天看得見、摸得到的可實施的做法，制定出相應的獎懲措施，約束孩子達成成長計畫。

比如，如果條件允許，可以用一面牆壁，作為孩子的成長紀錄牆，把成長計畫的內容都呈現在牆上，具有提醒的作用。還可以為孩子設計一個成長紀錄袋，把孩子成長的收穫用圖片、文字等形式記載下來。

凡事豫則立，不豫則廢

舉例：今日計畫

___年___月___日

7:00-8:00 起床，和爸爸一起晨跑
8:00-9:00 早餐，和媽媽一起做家事
9:00-10:00 做暑假作業
11:00-12:00 玩玩具，做手工
12:00-13:00 午餐，和爸爸媽媽聊天或一起看電視
13:00-14:00 午休和音樂時間
14:00-16:00 閱讀時間
16:00-17:00 去體育館和朋友一起打球
17:00-18:00 休息和晚餐
18:00-19:00 和爸爸媽媽一起去公園散步
19:00-20:00 洗澡，看電視
20:00-21:00 親子閱讀，睡前自由時間
21:00 關燈睡覺

今日回顧：
_____
_____

今日做得很棒的地方有：
_____
_____

今日不足的地方有：
_____
_____

今日整體表現：
_____
_____

明天繼續加油哦！

第七章　重視計劃，有條理的孩子更有執行力

▍用 5 個適用的計畫表格，激發孩子動力

為了激發孩子的動力，就要學會製作適用於做計畫的表格。這裡，我們收集了 5 個最常用的計畫表，供大家參考。

家長可以帶孩子一起製作，然後根據孩子的實際情況，選擇最適合自家孩子的表格。

一、日程表

日程表主要針對每天的規劃，要明確到什麼時間、做什麼事。可以隨身攜帶，隨時記錄每日狀態，進行時間管理。如表 7-2 所示。

表 7-2　日程表

姓名_____　___年___月___日

時間	事項
8:00-9:00	
9:00-12:00	
12:00-14:00	
14:00-17:00	
17:00-20:00	
20:00-22:00	
……	

用 5 個適用的計畫表格，激發孩子動力

1. 表格介紹

這個日程表精確到了小時，孩子可以在表中記錄上課的聽課狀態，是否分心，上課回答了幾次問題。

午休時間可以記錄當天中午午睡了多久，或者中午在外面活動了多久，記錄在哪種活動後下午的上課狀態最好。

放學後，可以記錄到家後做了什麼，幾點開始寫作業，幾點完成。

這種表格不僅能讓孩子知道自己每天都做了什麼，也能讓孩子自己總結出什麼時間自己做事的效率最高，什麼情況下自己的學習狀態最好。除此之外，還可以為孩子寫作文提供靈感。

一天過去了，很多孩子很可能根本不記得到底做了些什麼。透過這樣的表格記錄，孩子就能關注到日常生活中的小細節。

2. 注意事項

（1）剛開始製作和填寫的時候，孩子可能很容易忘記，家長要盡可能地提醒孩子養成習慣。同時，要讓孩子知道，即使忘掉了一個時段也沒關係，堅持寫下去才是最重要的。

（2）對於上課走神、放學回家拖延作業等問題，孩子可能不願意寫出來。出現了這種情況，父母就要讓孩子知道，這些小毛病都正常。父母要跟孩子一起正視這些問題，讓孩子努力改正，不能隱藏問題。

第七章　重視計劃，有條理的孩子更有執行力

二、待辦事項列表

該表格適用於預習和複習，確認注意事項，可以用來做備忘或整理問題。如表 7-3 所示。

表 7-3　待辦事項列表

日期	待辦事項

1. 表格介紹

首先，這種待辦事項表格可以用來記錄備忘列表。很多孩子做事時總是丟三落四，一到家打開書包就發現課本留在學校了，或者忘了帶練習冊。為了杜絕這種情況，可以讓孩子把要做的事情都記錄在表格裡，都確認完成了，再放心大膽地去玩。

其次，這個表格還可以用於課前預習。在預習的過程中遇到不會的問題，可以記錄下來，第二天上課認真聽這部分。複習也一樣，遇到不會的地方記錄下來，第二天再去問老師，就能清楚自己要問老師的問題。

2. 注意事項

（1）對於健忘的孩子，家長應確保孩子沒有忘記這份備忘列表，把它放在醒目的位置。

（2）如果是用於預習和複習，可以把表格保存下來，用來記錄犯錯的題目。

三、月打卡表

該表格適用於情緒溝通、習慣養成、每日打卡。如表7-4所示。

表7-4　月打卡表

姓名　　　時間　　　週計畫　　　總結

星期一	星期二	星期三	星期四	星期五	星期六	星期日

1. 表格介紹

孩子出現負面情緒時，可以把這張表貼在牆上，在表格上面記錄下自己的心情，其他人看到自然就明白了。這樣就可以

第七章 重視計劃,有條理的孩子更有執行力

在不傷害家人的情況下,保留自己的情緒空間。

這張表格同樣也可以作為習慣養成的打卡表。眾所周知,28天是習慣養成的週期,孩子堅持每天在這張表格上打卡,就能看到養成好習慣的過程,獲得滿滿的成就感。

2. 注意事項

(1)可以購買一些表情貼紙配合情緒表,或選用有顏色的筆記錄,一目了然。

(2)為孩子設立打卡獎勵,鼓勵孩子,讓孩子更有動力堅持。

四、百日打卡表

該表格適用於長久的目標、考前計畫,如表7-5所示。

表7-5 百日打卡表

姓名　　　　年

100/	99/	98/	97/	96/	95/	94/	93/	92/	91/
90/	89/	88/	87/	86/	85/	84/	83/	82/	81/
80/	79/	78/	77/	76/	75/	74/	73/	72/	71/
70/	69/	68/	67/	66/	65/	64/	63/	62/	61/
60/	59/	58/	57/	56/	55/	54/	53/	52/	51/
50/	49/	48/	47/	46/	45/	44/	43/	42/	41/
40/	39/	38/	37/	36/	35/	34/	33/	32/	31/

用 5 個適用的計畫表格，激發孩子動力

30/	29/	28/	27/	26/	25/	24/	23/	22/	21/
20/	19/	18/	17/	16/	15/	14/	13/	12/	11/
10/	9/	8/	7/	6/	5/	4/	3/	2/	1/

1. 表格介紹

這張百日打卡表是月打卡表的更新版，適用於更長久的目標，需要堅持的時間更久，能讓習慣從此成為生活的一部分；也可以用於大考的考前倒數日提醒。

100 天的計畫能夠讓孩子感受到光陰的流逝，進而更加珍惜時間。與打卡表不同的是，過去的天數越多，倒數計日表給孩子帶來的緊張感更多，這種緊張感會激勵孩子不要鬆懈。

2. 注意事項

(1) 孩子堅持 100 天後，可以把這份表格收藏起來，也是一份難忘的回憶。

(2) 填寫倒數計日表時，要注意孩子的心情，如果發現孩子出現了焦慮感，要及時幫他們緩解。

五、讀書計畫表

該表格適用於讀書後的記錄，可以用來做讀書計畫。如表 7-6 所示。

第七章　重視計劃，有條理的孩子更有執行力

表 7-6　讀書計畫表

姓名　　　年　　月　　日

日期	書名	作者	備註

1. 表格介紹

　　這份表格可以記錄孩子讀書的時間、書名、作者等資訊，讓孩子記錄自己讀了哪些書。也可以在作者欄簡略總結對作者和該書的看法，使孩子每一本書的印象更深刻。

　　除了可以記錄，也可以用作目標設定，計劃這個月要讀哪些書，列成書單；計劃每天要讀多少頁，是否完成。

2. 注意事項

　　（1）提醒孩子，讀書不能貪圖量，要盡量精讀。

　　（2）可以幫孩子準備一本讀書筆記，記錄感想。

第八章

關注人際，好人緣讓孩子更積極主動

第八章　關注人際，好人緣讓孩子更積極主動

人是社會性動物，要想生活得幸福，離不開和他人的交流和合作。人際關係和諧也可以驅動孩子積極做事。比如，做遊戲需要和同伴配合；完成小組任務需要幾個同學一起合作，只有大家相處得不錯，才能提升做事的主動性；跟他人矛盾重重，很可能事情做到一半就無法進行了。

人緣好的孩子，在社交能力和情商方面都會有比較突出的表現。社交能力比較差的孩子，會感到孤獨，沒安全感，凡事以自我為中心，不願與人合作，無法融入團體，如此必然會影響到他們的行動力。

因此，父母要盡可能地讓孩子從小就建立和諧的人際關係。只有提升社交能力，孩子才能更自信，做事才能更主動。

▎案例分析：跟同學關係惡劣的博文

◼ 案例

博文上幼兒園中班，對於媽媽來說，每天早上送他去幼兒園都是一種折磨。

博文每天都不願起床，一直在家拖著，剛開始他只是遲到。後來博文實在不想去幼兒園，媽媽只能跟老師請假。時間長了，老師有意見，建議孩子轉學。

於是媽媽就把博文轉到另一所幼兒園，結果還是一樣。

案例分析：跟同學關係惡劣的博文

經詢問才知道，博文不想去學校，是因為沒小朋友一起玩。

媽媽心疼孩子，讓老師幫忙找了幾個孩子跟博文一起玩。結果沒幾天，博文又不願去學校了。媽媽沒辦法，又求助於老師，老師說不是同學不願跟博文玩，而是博文不願跟同學玩。

媽媽覺得博文還小，大一點可能就會比較好。可是，博文上小學後，這種情況並沒有好轉。

放學回家，博文總是悶悶不樂的樣子，從學校回來，進門就回房間寫作業。媽媽再三詢問，才知道博文跟同學合不來，別人說悄悄話也不讓他知道，他感到很失落。

媽媽意識到，博文是家中的獨生子，性格比較內向，跟同學交往的時候不愛說話，也不知道如何分享自己的快樂，被同學排斥，就會表現出悲觀的情緒，不懂得如何處理。發現了問題後，媽媽鼓勵博文跟同學分享自己喜歡的東西，慢慢學會跟同學相處；同時，還叮囑博文要和同學互幫互助。

一段時間後，博文學會了分享，也交到了與自己合得來的朋友。

跟同學相處和諧後，博文漸漸喜歡上了學校，學習的主動性也大大提升了，有幾次考試成績還不錯，受到了老師的讚賞。

分析

從心理學角度來說，同伴關係主要是指同齡人或心理發展程度相當的個體在交往的過程中建立和發展起來的一種人際關係。

第八章　關注人際，好人緣讓孩子更積極主動

在學生時代，同伴關係是最重要的一項人際關係。學生時期的同伴關係對於個人社會化過程有著無法取代的獨特作用。從情感需求層面說，學生時代對同伴的需求甚至高於父母，因此孩子才會因同伴關係不佳感到苦惱和不解。

正向良好的同伴關係有助於青少年獲得社會價值，培養社交能力，以及有助於人格的健康發展。但是，並不是每個孩子都能輕鬆建立良好的同伴關係。很多孩子在學校的時候會出現和其他同學打架、吵架、相處不和睦等情況。

社交能力差會給孩子帶來哪些影響？

1. 缺乏團體歸屬感

孩子在學校除了學習知識，還要學習團體生活。家長除了重視孩子的學習，更要懂得培養孩子健康正向的人格，這才是孩子長久發展的重要根基。如果孩子社交能力差，身邊缺少朋友，與同學相處困難甚至遭到排斥，孩子就很難融入團體，無法獲得應有的團體歸屬感。家長要重視這個問題，因為孩子出現社交能力的缺陷，未來很可能將無法在社會立足。

2. 沒有膽量，拘謹膽小

在年幼的時候，孩子被父母過度呵護，會形成嚴重的依賴性。凡事都由父母出面，孩子很少有挫敗經驗。孩子缺少社交機會，在面對陌生人或者獨自處於陌生環境時，做事就會顯得拘謹膽小；面對困難時，就會不知所措，因為他們根本就不知道如何與他人進行有效溝通。

3. 缺乏社交自信

孩子自信心的培養取決於父母對他的肯定和支持。同樣，孩子的自卑也來源於父母對他的一味指責和否定。家長的責備會使孩子出現恐懼和反感的情緒，以致不願意主動和他人交流。在孩子沒辦法順利和小朋友相處時，家長要避免指責孩子不懂事，而要鼓勵孩子多嘗試與人交往。

▌兒童人際關係：垂直關係和水平關係

兒童在發展人際關係的過程中，與他人之間會形成兩種不同性質的關係，這兩種人際關係對兒童的社會化分別具有不同的意義。這兩種人際關係就是垂直關係和水平關係。

一、垂直關係

所謂垂直關係，就是比兒童擁有更多知識和更大權利的成人（主要包括父母和教師）與兒童之間形成的一種關係。其性質具有互補性，即成人控制，兒童服從；兒童尋求幫助，成人提供幫助。

垂直關係的主要功能是為孩子提供安全和保護，也可以使孩子學習知識和技能。前者主要指父母與孩子之間的關係，後者主要指教師和學生之間的關係。

第八章　關注人際，好人緣讓孩子更積極主動

1. 父母和孩子是一種寄託和傳承的關係

家庭教育是一個人成長的起始與發展的重要起點，家族的文化傳承、父母的教育可以塑造孩子未來成人後的狀態雛形與畫像。下面這個真實事例就很好地詮釋了孩子與父母之間的這種關係。

小濤出生在一個非常傳統的華人家庭裡，父親是軍人，母親是教師，父母的性格特徵與家庭的職責分工非常明確：男主外、女主內。

父親的職業特性非常強，綜合能力強，善於交際，工作能力強，做事從不拖泥帶水，執行力強，對於自己的家庭職責與定位清晰，以身作則。日常生活中，家裡的大型生活物資採購、搬運；水、電、家電等基礎設施的安裝與維修；居住環境的防火、防盜、治安等家庭的安全保障，都被父親安排得井然有序，讓家人很安心。父親傳遞給小濤的是正面積極的家庭觀念，教會他獨立、自信、堅毅、勇敢、果斷、勇於克服困難、富有進取心、有合作精神、熱情、外向、開朗、大方等優良特質。

母親是一名小學教師，也是小濤上小學期間的數學教師。母親對待工作非常認真，雖然已經退休，但她在燈下批改作業的畫面，仍時常浮現在小濤腦海中。可能是數學老師的特性使然，母親做事比較嚴謹，對小濤的學習與為人處世要求都很高，若小濤與他人發生爭執，不論誰的過錯，她都會陪兒子一

起上門道歉,並一再檢討自己:身為母親,沒有管好孩子。母親傳遞給小濤的是擔當責任、尊重規則,堅守公平、待人寬厚、行為有底線等為人處世的要求與規範。

家庭給予小濤的教育使他一直堅守正確的處事原則,這是他在家庭教育中獲得的財富。

2. 老師和孩子之間是教授與被教授的關係

師者,所以傳道授業解惑也。古往今來,老師都是人類靈魂的工程師,是學生的明燈。

老師在給予孩子們知識的同時,還會給他們更多的愛,包括長輩對孩子的愛、平輩之間的愛、朋友之間的愛等。老師在給予孩子愛的同時,也能獲得幸福與快樂。

孩子會模仿老師的每一句話、每一個動作、每一個眼神。老師時時刻刻都影響著孩子的成長與發展,優秀的老師都會以身作則,做好每一件事,說好每一句話,避免因為一次錯誤而影響孩子的一生。鼓勵孩子跟老師和諧相處非常必要。

二、水平關係

所謂水平關係,就是孩子與那些和他具有相同社會權利的同伴之間形成的一種關係,這種關係是平等的、互惠的,可以為孩子提供學習技能和交流經驗的機會。

垂直關係與水平關係既有區別又有關聯,前者主要體現了

第八章 關注人際，好人緣讓孩子更積極主動

成人與孩子之間的一種「權威－服從」關係，在心理上、地位上是不平等的；後者主要是孩子與生理心理方面相同地位的同伴之間的一種自由、平等和互惠的關係。

女兒上國中時，有一次跟爸爸講：「老爸，你能不能跟我的班導說，幫我換座位？」

爸爸問為什麼，她說：「我不喜歡我的同學。」

爸爸說：「為什麼？他有什麼問題嗎？」

她說：「他總是不帶鉛筆，只用我的，用完之後也不還。」

爸爸說：「遇到這種情況，妳是不是很生氣？」

她說：「我怎麼能不生氣？」

爸爸說：「妳看，同學拿妳一枝筆，本來是同學之間很正常的行為，妳卻生氣，再看到他更生氣，還能好好讀書嗎？」

她說：「他還經常罵人，總是罵我是豬。」

爸爸說：「遇到這種情況，妳會怎麼辦呢？」

她說：「我很生氣，他憑什麼罵人呢？我想找個藉口罵回來，但是我又開不了口。」

爸爸說：「這樣也不是辦法，以後如果同學再罵妳，妳就可以說，豬多好，那麼可愛，總比從路邊衝出的野狗，亂咬、亂叫、亂罵人好得多！這樣回敬他一句，他就會從妳的回應中，感受到妳的信心，感受到一種神聖不可侵犯的氣勢，以後他就不敢輕易罵妳了。」

兒童人際關係：垂直關係和水平關係

女兒聽了爸爸的話，很高興：「好，這辦法不錯。那我就不換座位了，我就等著他罵我的時候，我回敬他。」

一個多月很快過去，女兒回家跟爸爸講：「老爸，我感到很失落，我等了一個月，他卻不罵我，我準備的招式都沒用上。」

爸爸笑了笑，說：「孩子，經過這件事妳應該感受到了，妳所認為的和同學間的矛盾，其實就是妳心態的問題。同學並不是對妳不友善，為什麼在同樣的班上，有些人過得很愉快，有些人卻很鬱悶？不是因為班級本身，而是因為個人的心態不同，妳之所以覺得鬱悶是因為妳的心態出了問題，只要用心，就會發現妳原本討厭的同學也有很多優點，妳認為總是欺負你的同學只是在和妳開玩笑，妳對別人友善的時候別人也會對妳友善。」

聽完父親的一席話，女兒一下釋然了，性格變得越來越陽光、越來越開朗，與同學的關係也越來越融洽，書也讀得越來越好。

與同學和諧相處，可以從同學身上學到很多東西；還能相互傾訴煩惱；一起討論課業上的問題，交流生活經驗，一起解決生活上的問題。

同伴關係是學生時代最重要的一項人際關係。與同學友好相處的小建議如表 8-1 所示。

第八章　關注人際，好人緣讓孩子更積極主動

表 8-1　孩子與同學友好相處的建議

建議	說明
讓孩子主動關心別人	希望得到別人的關心是人的基本需求。你希望得到別人的關心，別人也是如此。孩子與同學之間能互相關心，同儕關係自然就親密了。
引導孩子控制負面情緒	適度的情感表現是成功交際的必要條件。孩子的情感變化比較大，要讓他們學會因地、因人調節並控制自己的情緒。在孩子快要發脾氣時，讓他嘴裡默念「冷靜，三思」，這有助於控制情緒，增強大腦的理性思考
讓孩子注意自己的身體語言	與同學交流時，要讓孩子確保姿態得體，用眼神交流，身體前傾相關肢體語言表示自己感興趣；也可以讓孩子用手或手臂幫助自己表達，將自己的真實想法傳遞給對方。當然，跟同學聊天或溝通時，不要一直盯著對方的眼睛，過久的眼神接觸會帶給對方很強的壓迫感
鼓勵孩子主動認錯	孩子傷害了別人，要鼓勵他勇敢、主動地認錯，並更正自己的過錯。同時，要讓孩子主動承擔責任，誠心接受別人的責難。如果對方不接受道歉，或者產生誤解，除了讓孩子耐心等待，還可以求助老師和同學，讓他們出面調解

作家曾說：「友情是生活中的一盞明燈，離開它，生活就沒有了光彩；離開它，生命就不會開花結果。」在學習生活中，要鼓勵孩子與同學互幫互助，互諒互讓，互競互賞，共同成長。

建構優質人際關係的 4 個祕密：
傾聽、分享、禮讓、合作

在成功的公式中，最重要的一項因素是與人相處。在社會化過程，如果孩子人際互動比較差，表現任性、事事以自我為中心、不合群、霸道、有攻擊性……那麼孩子在團體中往往不受歡迎，很難產生良好的人際互動，失去人與人之間的信任感和安全感。

愛與尊重的基本需求無法得到滿足，孩子就容易進一步轉變為情緒上的困擾，也可能影響身心健康，甚而影響到人格發展與未來社會生活的適應。而教導孩子走出自我中心，學習公平、分享、禮讓、合作等有助於與人和諧相處的行為，是培養他們良好人際關係發展的重要第一課。

一、傾聽

泰戈爾（Rabindranath Tagore）說：「耳朵是通向心靈的路。」傾聽他人的心聲是每個人都必須具備的美德。孩子要與人融洽相處、流暢地交流，必須先學會傾聽。

在功利的社會裡，人們更多以自我為中心，喜歡為自己的利益發聲，很少想到為他人著想。要從孩子年幼時開始，讓他們學會傾聽他人的聲音，設身處地為他人考慮。

第八章　關注人際，好人緣讓孩子更積極主動

要讓孩子知道，傾聽他人講話時心不在焉、左顧右盼、擺弄東西、不時走動、突然插嘴打斷別人的講話，容易讓人覺得自己不被尊重，從而影響到孩子與他人的關係。

男孩曉曉是個人人都喜愛的「小大人」，尤其在聽別人（無論是大人還是小孩）講話時，從不搶話、插嘴，還會不時地用點頭對對方所講的話表示認可。如果對方說著說著停頓了，他會用「然後呢」引導對方繼續講下去。

善於傾聽他人說話的孩子，不僅能及時地掌握對方所說的資訊，還能讓對方產生被尊重的感覺，加深彼此的感情，有利於人際交往。

父母要教孩子一些傾聽他人的禮儀。

（1）傾聽時，要面帶微笑，不要露出不耐煩的樣子；要讓對方感到輕鬆自如。

（2）傾聽時不要挑對方的毛病，不要當場提出自己的否定，更不要與對方爭論，盡量避免使用否定式回答或評論式回答，如「不可能」、「我不同意」、「我不這麼覺得」、「我認為不該這樣」等。要多以「你說得對」、「你這樣想是有道理的」來表達肯定，或者重複他人的話。要讓孩子站在對方的立場傾聽，努力理解對方說的每一句話。即使要表達不同的意見，也要先從肯定對方進行切入。

（3）以柔和的目光注視對方，並透過點頭、微笑等方式及時對對方的談話做出反應；也可以不時地用「是的」、「我懂了」、

「然後呢」、「對」等語言表示自己在認真傾聽。

（4）談話時要製造嚴肅認真的氛圍，比如，要求孩子眼睛看著說話的人，告訴別人自己是認真的。只要塑造良好的氛圍，許多孩子都可以好好說話和思考問題。

二、分享

2歲的寧寧最近變得非常「小氣」。

表妹婷婷來家裡做客，剛拿起一個娃娃，寧寧就把娃娃抱走了，說：「這是我的！」

鄰居家的小朋友天天來家裡玩，喜歡寧寧的拼圖。寧寧平時對拼圖根本不感興趣，可是一看見天天在玩就立即說：「這是我的，我還想玩。」

媽媽很疑惑，寧寧以前很大方，可以跟小朋友們一起分享玩具，最近怎麼突然變「小氣」了呢？

相信許多家長都遇到過上述情況，有的家長可能覺得孩子自私，甚至擔心孩子的社交狀況和人際關係。其實，這種情況普遍存在在這一年齡階段的幼兒身上。孩子突然不願和他人分享，一大原因就是自我意識的發展。

幼兒的自我意識在1～3歲開始萌芽並快速發展，其主要特徵是自我中心性。處於這一年齡階段的孩子在看待事物時往往從「我」出發，無法理解「你」、「他」的概念。他們認為自己

第八章　關注人際，好人緣讓孩子更積極主動

的東西是自己的，別人不能動；有些孩子甚至會認為別人的東西也是自己的，只要看到喜歡的東西就會據為己有。

其實，孩子的這種行為並無惡意，也並非自私，家長不用為此擔心。當孩子意識到除了「我」，還有「你」、「他」時，這種行為就會得到改善。

印度古諺「贈人玫瑰，手留餘香」告訴我們，即使是一件很平凡的小事，如同贈人一枝玫瑰般微不足道，卻能讓溫馨在贈花人和受花人的心底瀰漫開來。當你和別人分享你的東西或喜悅的時候，別人就能感受到你的開心。當下一次別人遇到開心或好笑的事情時，也會分享給你。

學會分享，孩子就能認識更多的朋友，進行更多的活動和交流，只要堅持分享，就能得到很多意想不到的東西，比如別人的關注、新的機會等。因此，在日常生活中，家長應注重培養幼兒分享的習慣。

1. 教孩子一些合作遊戲，讓分享更好玩

在合作遊戲中，玩的人需要合作去達到一個共同目標，比如，一起玩拼圖，輪流放上拼圖塊；還可以一起整理房間、種花、替寵物洗澡等。

2. 給孩子一些東西，讓他和小夥伴分享

比如，和同伴分享一種特別的零食或一本貼紙。

3. 鼓勵分享，從正面強調，不是訓誡

如果孩子不想分享就指責他小氣，或者強迫他把喜歡的東西給別人，只會培養出孩子的怨恨情緒，而不是慷慨大方。

孩子不願意分享某些東西也沒關係。隨著他越來越成熟，他會明白與對他越來越重要的朋友分享，要比獨自擁有更快樂。

4. 讓孩子說出自己的感覺

如果孩子表現得不大方，就要問問他是怎麼回事。讓孩子說出自己真實的感受可能是因為幼兒園的火車玩具不夠玩，或者他特別喜歡自己的撲克牌，因為那是爺爺送給他的禮物。

5. 鼓勵孩子解決問題

有些孩子可能根本就沒有分享玩具的概念，可以鼓勵孩子和同伴輪流玩玩具，讓他明白分享並不是把東西給別人，而且如果他和小朋友分享玩具，小朋友也會更願意把他們的玩具拿出來和他一起玩。

6. 愛惜孩子的物品

如果孩子覺得別人不愛惜自己的衣服、書、玩具，他就不願意把這些東西分享給別人。所以，借他物品時，要徵得他的同意，並給他拒絕的權利。也要提醒其他孩子在使用過程中，一定要好好愛惜這些物品。

第八章　關注人際，好人緣讓孩子更積極主動

三、禮讓

如今，很多孩子都是家裡的獨生子女，一個人生活慣了，不善於交友，即使跟朋友一起玩遊戲，也不懂謙讓，總是想讓別的小朋友聽自己的。

禮讓是一種涵養，是一種放過自己、善待自己的修行；為難他人，就是為難自己，互不相讓就是在互相傷害。一定要讓孩子知道，爭吵甚至拳腳交加並不能解決問題，只能進一步激化矛盾，要學會禮讓，才能贏得別人的好感。

工作人員在一所學校隨機選了三個孩子作為實驗對象：兩個女孩，一個10歲，一個6歲；一個男孩，8歲。

然後，拿出一個口小肚大、像井一樣的玻璃瓶。瓶底躺著三個剛能通過瓶口的小球，每個小球上都繫有一根絲繩。他對三個孩子說：「今天我要看一看你們誰是最聰明的人。」

工作人員宣布遊戲規則：這個瓶子代表一口枯井，三個人就用這三顆球來表示。假如你們正在井裡玩，井裡開始漲潮，且水勢凶猛，那麼8秒以後誰還在井裡，誰就會被淹死。

工作人員示意孩子們遊戲開始後，最先從瓶裡拿出了自己的球的是6歲的女孩；接下來是8歲的男孩，他與10歲的女孩相互對視一眼，迅速地將自己的球拉出瓶口；最後是10歲的女孩，她從容地拉出自己的小球。不到6秒就完成了整個遊戲。

工作人員先問那個小男孩：「你為什麼不搶著跑出去？」男

孩勇敢地仰起自己的頭,看著旁邊的女孩說:「她最小,我如果先出去了,她跑不出來怎麼辦?我當然得讓她先呀。」

工作人員問 10 歲的女孩,女孩說:「我是他們兩個人的姐姐,我有責任保護他們。」

工作人員又問:「這樣做,妳自己可能會被淹死。」

女孩答道:「就算會被淹死,我也要保護他們。」

禮讓,不僅是孩子健康成長的,更是他們日後生存和發展所必需的品格。隨著社會發展,人們越來越需要具備良好的人際溝通與合作能力,卡內基(Dale Carnegie)說:「一個成功的管理者,專業知識的功勞是 15%,而交際能力占 85%。」禮讓作為人與人溝通的橋梁,是生活中不可缺少的生存工具和性格特質。

那麼,父母如何讓孩子學會禮讓呢?如表 8-2 所示:

表 8-2　引導孩子禮讓的方法

方法	說明
合理看待禮讓帶來的「吃虧」	孩子由於禮讓而失去的大多都是一時的得失。讓孩子明白過於計較自我得失,不會替他人考慮,會使自己在與他人尤其是同伴往來的過程中受到阻礙,並影響未來在社會中的立足能力

第八章 關注人際，好人緣讓孩子更積極主動

方法	說明
正面看待禮讓帶來的「收益」	孩子懂得禮讓，和小朋友、老師相處融洽，就會覺得自己是被接受、被喜歡的，從而感到更快樂、開朗、自信，為孩子擁有良好的人際關係和社交能力打下基礎。而且，孩子的成長路途總是崎嶇不平的，需要有面對困難、挫折的勇氣，吃點「小虧」，也有助於孩子養成寬廣的胸懷
耐心引導和培養孩子禮讓的品格	家長要為孩子創造寬裕的家庭環境，耐心引導，提升孩子的社交能力。例如，透過誦讀或分享經典故事讓孩子理解禮讓的涵意。當「融四歲，能讓梨」這樣的句子印在他記憶中的時候，故事所蘊藏的內涵也會慢慢深入到孩子的心中，在不知不覺中成為孩子學習和效仿的行為典範，進而影響孩子的世界觀、人生觀和價值觀

四、合作

所謂「合作」，是指兩個或兩個以上的個體為了實現共同目標（共同利益）而自願結合在一起，透過相互之間的配合和協調（包括言語和行為）而實現共同目標（共同利益），最終個人利益也獲得滿足的一種社交活動。

社會的發展離不開相互合作。科學技術日益高速發展，社會分工日益精細，而人的智力和知識卻是有限的，為了達到某個目標，必須一起工作，提升工作效率。同樣，合作也是孩子未來邁向成功的重要途徑。父母要培養孩子與人合作的能力，

讓孩子能夠在未來的生活和學習中施展自己的合作本領。父母要讓孩子明白，一個人的成功離不開別人的幫助，離不開與別人的合作；無論在什麼時間或什麼地方，永遠都要記住「合作」。那麼，究竟應該怎樣培養孩子與人合作的能力呢？

1. 關注孩子的想法與態度，培養合作意識

對於孩子不分享、不合作的行為，家長直接責備或提出解決方法，往往成效不彰。培養孩子的合作意識，首先要讓孩子對於合作有心理準備。比如，家長可以和孩子讀一些關於互幫互助、不爭搶的故事，或者在看到此類現象時進行討論，明確與人的交際要友好、謙讓、商量，了解合作的重要性，使孩子萌生合作的意識。

2. 為孩子創造合作機會，進行合作實踐

在孩子的日常學習和生活中，父母應多為他們創造與同伴合作的機會，鼓勵他們多參加團體活動，在團體生活中發揮自己的聰明才智。為了達到某一目標，大家相互交流、制定計畫、相互合作，雖然可能出現分歧和矛盾，甚至失敗，但整個過程會讓孩子明白要充分考慮他人的需求和感受，必要的時候甚至做出合理的讓步，這都是合作意識的展現。

同時，要鼓勵孩子多參加一些需要相互配合的活動，比如，踢足球、打籃球，在與隊友的配合中找到合作的方法，讓孩子體會合作的快樂。甚至在家庭生活中，也要創造合作的氛圍，

比如，分工洗碗、打掃環境等，讓孩子隨時感受到合作帶來的樂趣。

3. 將正確的合作方法直接告訴孩子

有時候，孩子可能不知道怎樣合作，家長要告訴孩子合作的方法和原則，指導其正確合作。比如，和小朋友玩玩具要分享，不能爭搶；在教室中與小朋友發生衝突可試著想辦法解決；要尊重他人的意見；等等。父母可以在日常生活中逐漸滲透，也可以針對過去的事情進行總結分析，還可以創造一定的情境進行探討，比如，當同伴遇到困難，怎樣徵求對方的意見並施以援手；當自己遇到困難無法解決，怎樣主動向別人尋求幫助；當在遊戲中遭遇失敗，怎樣總結失敗原因和方法；當一個任務自己很難完成時，怎樣組成團隊分工合作等等。

最初，孩子合作的方法大多是模仿成人或延續既往經驗，慢慢地，他們會尋找自己的合作方式，並在不同情境中懂得變通。

第九章

重視閱讀，從優秀作品中汲取成長能量

第九章　重視閱讀，從優秀作品中汲取成長能量

閱讀優良圖書，可以訓練孩子的想像力，提升他們對文字的理解力。如此，做事或學習時，孩子才能更主動，效率才能更高。

對孩子發展最有利的書是世界名著，因為世界名著凝聚了作家長期或畢生所得、所感、所悟之精華。孩子們年齡小，各方面知識儲備不足，有時無法做出正確的選擇，而閱讀世界名著能引導他們樹立正確、積極的觀念。孩子只有將書中的精華內化，才能學會判斷，更好地取捨，更有效地完成任務。

雖然很多名著的特點是「字多」、「書厚」、「難以捉摸」，開始接觸名著的時候，孩子會感到枯燥乏味，很多人打起退堂鼓，但只要靜下心來走進名著，就會被其吸引，融入書中，對這些寶貴的精神財富有更多的了解。

以史為鏡，可以知興替。讀名著，就是站在巨人的肩膀上前行；讀詩歌，可以感受詩人的情感，獲得心靈的力量；讀人物傳記，能了解偉人的成長歷程，從他們身上獲得精神的力量。讓成長中的孩子了解和接受這份寶藏，不僅能繼承先人的精神財富，還能提升自我，讓自己更積極。

案例分析：不喜歡閱讀的君浩

案例

周女士的兒子君浩18個月大的時候，周女士發現君浩不喜歡看書，也不喜歡聽大人講故事。那時，周女士的同學送給君浩一套兒童繪本。這套書講的都是孩子在日常生活中會遇到的問題，比如：大完便要注意什麼、如何搭公車、洗澡有什麼好處、與同伴一起玩時該注意什麼。而且這套書設計巧妙：利用了摳、移等技巧，孩子在聽故事的同時，還能動動小手，刺激孩子繼續閱讀的興趣。

周女士客氣地對同學表示謝意。可是，沒翻看一眼，她就很誠懇地告訴同學：「我家君浩不喜歡看書，可能根本就不會翻。」聽到這些話，同學有些失落。

日子過得很快，又是一年春節。周女士打電話給同學，欣喜地告訴她：「我兒子很喜歡上次的那套書，請幫我再選一套類似的書吧。」看到自己送的書獲得了孩子的喜愛，同學感到很開心。

打鐵趁熱，同學問起了君浩的情況：孩子以前為什麼不喜歡看書、不喜歡聽故事。

周女士告訴同學，以前為孩子買的書，大多都是認物識字類的卡片，或者以文字為主、配以插圖的小短篇故事。講故事時，媽媽讀，孩子坐在旁邊聽；或者媽媽拿出卡片，孩子一遍

第九章　重視閱讀，從優秀作品中汲取成長能量

又一遍地認識物體。在這樣的閱讀中，孩子感受不到快樂，不願意參與，自然就沒有興趣。而同學送的這套繪本有很多可以打開的小窗和小門，孩子在聽故事的同時，可以翻一翻、看一看，更願意聽下去。

同學又為君浩挑選了一套繪本，收到書後，周女士饒有興趣地翻著書，心想：「這套書，君浩一定會很喜歡。」

在周女士的引導下，君浩養成了閱讀的好習慣。開始的時候，媽媽帶著他一起閱讀，長大後，他就如飢似渴地閱讀世界名著、名人傳記等，知識日益豐厚，為人處世更加得體，做事更加積極。當他想放棄的時候，就會想起曾經在書中看到的某個主角或某個名言金句，繼而生出一種驅動自己的力量，督促自己前進。

■ 分析

從周女士的經歷中，不難發現家長希望孩子從小就喜歡看書、喜愛閱讀。可是，有些家長不知道孩子的成長規律，對童書缺乏了解，以成人式閱讀看待兒童閱讀。

海倫凱勒（Helen Keller）告訴我們：「一本書就像一艘船，可以帶領我們從狹隘的地方駛向無限廣闊的生活海洋。」

讀書的重要性不言而喻，而激發內在動力，也是讀書的一大益處。孩子受書中人物或語句的影響，在做事或學習的過程中，就能產生一種積極的行動力，即使遇到問題，他們也會想辦法解決，不輕易放棄。因此日常生活中，家長一定要重視對

孩子閱讀能力的培養。

但是有些孩子不喜歡讀書，甚至一看書就哭。孩子為何不願意讀書呢？具體原因可以從兩個角度說明。

1. 從孩子的角度來說

孩子對於閱讀的書籍較為陌生，看到書本時，也會產生不同的情緒。從嬰兒階段到學齡階段，再到未來成長，他們會展現出不一樣的特徵。

（1）0～3歲。處於這個階段的孩子對於書沒有明顯的認知，只會看到這些書籍上面的文字和圖畫。特別是嬰幼兒，喜歡色彩比較豐富的東西，往往會對圖畫書有興趣。

（2）3～6歲。3歲左右，孩子會進入幼兒園，這時孩子就能更多地接觸到書本。幼兒園的書本是根據這個階段的孩子的身心特色選擇的，更能吸引孩子的注意力。孩子在這個階段養成了閱讀的好習慣，未來就會喜歡上閱讀。

（3）6歲以後。6歲以後，孩子表現出來的閱讀狀態已經定形，喜歡讀書的孩子，通常都是安靜的、沉穩的；對書籍沒有太大興趣的孩子，學習時也會展現出不好的狀態。

2. 從家長的角度來說

孩子不喜歡閱讀，跟家長也有一定的關係。

（1）家長急於功利，沒有耐心。在閱讀後，很多家長會要求孩子講故事的意義。其實，對於孩子來說，他們只能看懂故事

第九章　重視閱讀，從優秀作品中汲取成長能量

的約略意思，根本就不知道故事的深意。所以，最重要的是讓孩子喜歡閱讀，讓孩子體驗閱讀的樂趣。過於急功近利，很可能會產生反面作用。要讓孩子快樂地閱讀。

（2）講故事不生動，太死板。孩子對外部事物都很敏感，家長講故事給孩子聽的態度，孩子完全能感受到。所以，為孩子講故事的時候，千萬不要敷衍了事。孩子的閱讀能力是在聽故事中慢慢上升的，要不斷地和孩子互動，這樣才能對孩子的語言表達能力和思維能力有所幫助。

（3）強迫孩子閱讀，引發叛逆。很多家長會為孩子買很多書，強迫孩子閱讀。孩子自己不想讀，也無法獲得讀書的樂趣。家長應該使用生動的語言向孩子展現書本的有趣之處，讓孩子在不知不覺中，從書本中獲得樂趣，再慢慢喜歡上閱讀。

（4）追求數量，忽視閱讀的品質。為了讓孩子養成閱讀的好習慣，家長就開始不停地買很多書，實際上這種行為只會讓孩子留下一個錯誤的印象，即書只是爸媽買來的裝飾品。孩子一般都很喜歡重複地聽一個故事，因為這樣他們可以加深印象，不斷地吸收故事中的知識，然後融會貫通。

了解孩子不喜歡讀書的原因後，家長要多用心，和孩子一起閱讀，讓孩子在書本裡找到應有的樂趣。

最能給予孩子力量的圖書類型：詩歌和名人傳記

古今中外，書籍的數量數以萬計，種類繁多。

那麼父母如何為孩子選擇圖書呢？

名著之所以成為名著，是因為這種經典經過幾代人的精挑細選後，還能成為大家爭相閱讀的讀物。閱讀名著等同於站在巨人的肩膀上看世界。

一、詩歌

詩歌以其獨特的韻律和意境，可以將人們帶進美的境界，或空靈、或純淨、或深刻、或閒適。

詩歌中，處處包含著美，讀詩的過程就是美育的過程，也是啟迪孩子去欣賞美、發現美、創造美的過程。一旦這些美的東西融入孩子的生命，在人生的不同階段，美的意象就會在孩子的腦海中有不同的呈現。將美融入孩子的生命，他們就會主動地去發現生活中的美好與感動，主動以美的標準去要求自己，注重良好的自我形象，塑造完美的人格，形成良好的道德和社會情感。

多讀詩歌有助於塑造詩意的心靈，建構詩一般的精神世界，幫助孩子在人生的旅途中尋找蒼白生活中的詩意瞬間，發現苦

第九章　重視閱讀，從優秀作品中汲取成長能量

澀人生路途中詩一般的時空，以便其在漫漫人生旅途中成長為一個有趣、豐富的人。

詩歌是最凝鍊、最精微的文學體裁，孩子如果不喜歡詩，不會欣賞詩，那麼他對生活的感受就是粗糙的。讀詩詞的人，眼中風景不同，氣質也不同。春秋時期的教育家孔子在《禮記·經解》中就提到：「入其國，其教可知也。其為人也溫柔敦厚，詩教也。」儒家認為詩的功能主要體現在對人的精神的教化方面。重視詩教，就是重視詩歌在家庭教育中不可忽視的特殊作用。如表 9-1 所示：

表 9-1　閱讀詩歌對孩子的作用

作用	說明
讓孩子感受世界的詩意與美好	詩歌是心靈的藝術！在詩歌裡，孩子能夠體驗世界的詩意與美好，保持心靈的純真，陶冶情操，提升人文素養。 父母要鼓勵孩子讀詩，透過詩歌的節奏和韻律，感受詩歌傳達的意境與美感。
培養高雅興趣，提升審美水準	從小愛讀詩詞的孩子，不僅氣質良好，而且待人禮貌，很讓人喜歡。孩子心靈的天空需要詩歌的雲朵，他們的情感世界需要詩歌的妝點。讓孩子親近詩歌，給孩子一份詩教，是一件美好的事情

最能給予孩子力量的圖書類型：詩歌和名人傳記

作用	說明
有利於孩子的生長發育	古詩具有音樂性，節奏分明，可以對聽覺器官產生良性刺激，並透過大腦產生生理效應。反覆誦讀詩歌，孩子的大腦皮質層的興奮、抑制過程就能達到相對平衡，加速血液循環，讓孩子處於最佳狀態。研究還發現，背誦古詩能同時刺激孩子與閱讀、音樂相關的大腦區塊，促進孩子的大腦在資訊加工和記憶力方面的發展
有利於培養孩子的語言表達能力	詩歌內容豐富，春夏秋冬，寫景、詠物、抒情，應有盡有。讓孩子讀詩詞，不僅能讓他們了解各國的詩詞文化，還能讓他們學會正確發音，訓練朗讀能力，提升與感，讓孩子口齒清晰，發音準確流暢。多讀詩、多背詩，可以為孩子今後高雅風趣的談吐、妙筆生花的表達打下扎實基礎
豐富孩子的內心世界	詩歌是最能陶冶孩子情操的文學模式。古人經常用詩歌抒發自己對大好山河的熱愛、建功立業的豪邁、對真摯情感的珍惜……認真品讀古詩，就能從古詩詞中感受到詩人的情感。雖然孩子無法親身體驗那麼多情感，但只要多讀詩歌，就能用詩詞充實內心世界，達到「腹有詩書氣自華」的境界
有利於提升孩子的人格修養	古詩是中國特有的一種文學形式，工於音韻，注重意境，句式工整，讀起來琅琅上口。隨文識字，培養誦讀詩歌的興趣，有利於提升孩子的人格修養，開拓孩子的眼界、胸懷、志氣、品格等，培養孩子的高尚情操，促成孩子優秀人格的形成

第九章　重視閱讀,從優秀作品中汲取成長能量

作用	說明
提升孩子的圖像思維和想像力	古詩詞讓孩子很容易在大腦中描繪出詩詞呈現的畫面,豐富孩子的圖像思維。同時,有些古詩詞可以為孩子提供想像的空間,使孩子在熟背的同時提升想像力。

二、名人傳記

名人傳記類作品記述了名人一生的成長,有成功的經驗、有頑強探索的精神、有勤於反思的習慣、有克服困難的勇氣、有對人生理想的執著……當名人的經歷隨著孩子的閱讀逐漸進入他們的生命,名人就會成為孩子人生中的榜樣。如此,在孩子遇到諸如意志消沉、理想受挫、人生懈怠等人生問題的時候,就會不自覺地與曾經閱讀過的名人經歷相對照,找到走出困境的勇氣與力量,重新整理行囊,努力前行。

名人有著對遠方的堅定信念和頑強意志,他們不怕困難、不避風雨,是歷史長河中頑強的奮鬥者和成功者。閱讀名人的傳記,跟隨名人的足跡,孩子就能從中汲取前行的勇氣、奮鬥的力量、大海一般的胸懷。在人生的旅途中,遇到困難和挫折的時候,孩子就能找尋到名人的影子,汲取他們的精神力量。

梁啟超談及教子經時說:「讀名人傳記,最能激發人志氣,且於應事接物之智慧成長不少,古人所以貴讀史者以此。」一本好的名人傳記會成為孩子一生的動力,在他們失落時給予他們

力量，在他們得意時提點他們謙虛。在潛移默化中，孩子將會尋找人生目標，不斷督促自己，鼓勵自己奮發向上。

名人傳記對孩子的作用如下。

1. 豐富歷史、文學知識

孩子在幼兒園讀到李白寫的詩，對他們而言，李白只是一個人名，沒有其他概念。讀了關於李白的繪本後，孩子就彷彿和李白成了未見過面的朋友，有了不一樣的認知。這樣孩子不僅學會了李白的詩，知道李白是詩人，還了解李白的事蹟、詩歌的創作背景，從不同維度了解到這個詩人，李白更立體了。

2. 啟迪孩子，指引其前行

一位教育學家曾說：「研究名人，了解名人的目的並不是製造名人，而是從名人的成長中獲得更多看待成長的視角，能夠抓住名人這類人的成長個案，得到具有普遍價值的啟示。」沒讀名人傳記之前，孩子們看到的都是名人已經功成名就的一面，認為他們的成功是遙不可及的。讀完傳記之後，孩子會發現，原來名人在成功之前，也經歷過艱辛、痛苦和煎熬；他們也曾站在人生的十字路口，做過難的選擇。自己天賦不足，就努力彌補；他人否定嘲笑，就一笑而過；遇到困難谷底，從不服輸；面對讚美盛譽，不驕傲、不躁進⋯⋯

孩子可以從名人身上感悟到成長的曲折，找到問題解決的方法，並從中發現自己類似的困惑，反思思索，內化為自己的

力量。人物傳記更容易觸動孩子的內心,為孩子帶來的啟發和改變遠比父母的嘮叨更有效。

3. 幫助孩子尋找人生方向

孩子的榜樣是什麼樣的人,他就會成為什麼樣的人。錯誤的價值觀讓孩子傾向於走捷徑,嚮往不勞而獲,做人做事都不踏實。孩子的三觀還沒有完全建立,思想也不成熟,多讓孩子接觸各個領域的菁英人物,就能讓他們吸收更多正能量,助力他們成長。

4. 培養克服困難與面對挫折的勇氣

縱觀古今中外的聖人、名人和偉人,他們都有百折不撓的精神。孔子十五有志於學;司馬遷經過重重苦難,始終不放棄編纂《史記》;瑪麗・居禮(Marie Curie)為科學奉獻一生……這些人物之所以有巨大成就,就是因為他們具有克服困難和挫折的勇氣。

這些名人雖然不是孩子的老師,卻又勝似老師,他們用自己的故事給予孩子勇氣和力量,傳遞著充滿智慧的資訊,讓他們知道:如何學習,如何成長,如何成為一個更好自己。

孩子不一定要成為名人,但他們需要像名人一樣,擁有挑戰自我的勇氣,以及超越自我的力量。每個名人在為世人所認識之前,都是平凡而又渺小的,有些人甚至在年幼時期就飽嘗生活的艱辛,但正是因為他們勇於克服困難,從而獲得了成

功。在孩子遇到困惑的時候,要讓他們從這些偉大的人身上獲得啟示。幫孩子找到一個榜樣,就如同為他們的心靈點上了一盞明亮的燈,指引他們一路前行。

讓孩子愛上閱讀的好方法

為了讓孩子愛上閱讀,可以採取以下方法。

一、給孩子讀書

陪伴是最長情的告白,朗讀是父母給孩子最好的陪伴。

父母親自為孩子講故事,這種經驗對孩子來說特別重要。有了這種用耳聽故事的經歷,孩子在透過文字進入語言的世界時,更能體會其中的樂趣。

父母給孩子讀書的時刻是快樂的時光,即使只有 5 分鐘、10 分鐘。父母在為孩子讀書時應該注意些什麼呢?

(1) 講故事越早開始越好,並盡量堅持到孩子小學畢業。

(2) 每天盡量安排固定的讀書時間。

(3) 可以從有韻律感的童謠、兒歌和幾行字的繪本開始,逐步閱讀文字較多、圖畫較少的童書,再到有章節的故事及小說。

(4) 開始時,讀書的時間不要過長,要讓孩子保持對聽父母

讀書的熱情。隨著孩子的接受度的提升,再慢慢延長時間。

(5) 聆聽習慣是後天養成的,需要逐步教導和培養。在為孩子讀書的過程中,要告訴他們該如何聽,比如認真聽,不打斷;可以在大腦中想像故事的畫面。

(6) 時常變換讀物的長度和主題,不要總是讀一個主題的,更不要讀不適合孩子年齡的大作。

(7) 為孩子讀書前,提一下書名、作者和圖畫作者。

(8) 讀書要有始有終,不能開始時熱情洋溢,後面則不堅持。

(9) 閱讀有圖畫的書,要盡量讓孩子看到圖畫。

(10) 父母要提升自己的閱讀水準,努力練習,合理運用自己的表情甚至聲調,也可以扮演不同的人物。

(11) 不要讀得太快,不要讀孩子不喜歡的書。

(12) 偶爾為孩子讀點內容較深的書,啟發孩子思考,嘗試跟孩子討論書中的內容。

二、創造一個家庭閱讀區

閱讀區是一個相對安靜的場所,可以讓孩子靜下心來,同時又能吸引孩子的注意力。

有位作家曾說過:「最好的家風,一定是有讀書傳統的家風。書架,應該是一個家庭最好的不動產。」與其舉全家之力為

孩子在頂尖學區買房，不如在家裡替孩子開闢一個閱讀區，培養孩子的閱讀習慣。

建立家庭閱讀區，孩子就能輕鬆愉快地在屬於自己的區域內選擇想讀的任何一種圖書。為孩子打造閱讀區要注意以下幾個事項。

1. 最好靠近窗邊

靠近窗邊的位置不僅光線充足，且通風好。孩子平時看書用眼多，把閱讀區安排在光線不好的地方，會對孩子的眼睛造成傷害。因此，最好將閱讀區安排在窗邊。

2. 將書籍分門別類擺放

要將書籍分類擺放，可以按照內容分成數學類、科普類、自然觀察類等；也可以將同一個系列或同一個作者的書籍放在一起。如此，不僅便於整理，也能讓孩子更快地找到自己感興趣的書籍。

3. 調整書籍，吸引孩子注意力

要根據孩子的身體選擇合適的書架；為了吸引孩子的注意力，要將孩子最近喜歡的書、你想讓孩子看的書放在孩子一伸手就能拿到或一眼就能看到的地方。此外，家長要定期調換書籍的擺放位置，保證孩子能廣泛涉獵各種圖書。

第九章　重視閱讀，從優秀作品中汲取成長能量

三、發揮摘抄的作用

為了加深印象，要為孩子做一些摘抄，包括閱讀建議、有趣的閱讀文字，甚至有意思的笑話和詩歌，為孩子創造驚喜。這些摘抄內容可以放在孩子的文具盒裡、書包裡、餐盒上、枕頭上。

當然，摘抄時需要注意以下這些要點。

1. 有選擇性地摘錄

（1）摘錄好的詞語。何為好的詞語？孩子第一次接觸的新鮮詞彙，如「草木葳蕤」；華麗的辭藻，如「精移神駭，忽焉思散」；簡練的詞語，如「時光翩躚的五月，浮雲白頭」。

（2）摘錄好的句子和段落。何為好的句子和段落？風格獨特，比如「無風，日頭狠毒，人影很短。最先看見父親那黝黑的脊背，顏色一如腳下的黑土。老牛，木犁，疙瘩繩，在地裡來回走」；寫作手法，比如「洗手的時候，日子從水盆裡過去；吃飯的時候，日子從飯碗裡過去；默默時，便從凝然的雙眼前過去」。

2. 認真分析、理解和消化

閱讀了很多書籍和文章，摘錄了很多好詞好句，卻沒花時間認真將這些好詞好句徹底理解和消化，腦子裡卻只殘留了一些片段式記憶……這種做法，無益於知識素材的累積。為了讓孩子使摘錄的知識轉化為自己的，家長要鼓勵他們靜下心來理解和消化。

3. 時常溫故知新

很多孩子發現，自己幾天前摘錄的好詞好句暫時還記得，過了一個假期之後，可能就不記得了。原因就在於沒有溫習。對於摘錄的詞句，要讓孩子時常翻看，鞏固記憶，增加它們在孩子大腦中的活躍度，便於隨時喚醒。

四、跟孩子一起討論

為了讓孩子從閱讀中獲益更多，父母可以和孩子一起討論閱讀這件事，包括如何建立閱讀習慣、生字詞表，一起閱讀孩子的課文。這樣得出的結論，往往更容易讓孩子留下印象。

孩子的最大特點是求知欲強，成人習以為常的東西，孩子們卻往往感到新奇，總要纏著大人問很多問題，比如，冬天為什麼要下雪？下雨天，是先打雷，還是先下雨？雪花為什麼都是六瓣，不是三瓣？月亮上到底有沒有生命，嫦娥是否真實存在？太陽為什麼是個大火球，而不是個大冰球？

孩子主動提出了問題，家長要及時回答，絕不能搪塞、敷衍或亂說一通。如此，才能滿足孩子的求知欲，激發他們觀察和分析問題的積極性。當然，父母更不能對孩子的提問不予理睬、不耐煩，或是把孩子訓斥一頓，以免傷害了孩子閱讀的積極性。

五、為孩子準備一個便箋本

便箋紙對於喜歡閱讀的孩子來說，用處非常大。

（1）巧用便箋紙記錄是孩子們進行自我激勵和進行時間規劃的一個方法，能夠幫助孩子更快進入閱讀狀態。

（2）便箋紙可以被用作「書籤」，可以更詳盡地進行標註，方便閱讀的銜接。

（3）便箋紙還可以用於記錄閱讀的短期目標，分解閱讀的長期目標，讓目標達成變得更加輕鬆。

有了這樣的便箋本，孩子在閱讀的時候，就能隨時將自己的所感所悟記錄下來了。因此，為了提升孩子的閱讀效果，就要為孩子準備一個便箋本，讓孩子隨身攜帶、隨時觀察、隨時記錄。

六、走出家門去閱讀

閱讀，不能僅限於家裡，父母要帶孩子去圖書館借書、去書店買書，和其他小朋友一起看書。

（1）週末的時候，父母要帶著孩子去圖書館，讓孩子感受圖書的氛圍，並從他人身上感受閱讀的力量。潛移默化中，孩子就能喜歡上閱讀了。

(2) 可以為孩子辦一張借書證,讓孩子去借閱圖書。透過借閱圖書,某種程度上更容易引發孩子的閱讀興趣,提升閱讀效果。

(3) 要想提升孩子的閱讀量,可以週末帶孩子去書店轉轉,讓孩子自由選擇。此外,家長可以透過網路為孩子選購喜歡的圖書。

(4) 有些社團或場館會不定期地舉辦讀書會,可以跟孩子一起加入,跟眾人感受讀書的樂趣,享受讀書的美好氛圍。

(5) 全國各地繪本館、圖書館、社區故事館都會定期舉辦各種和閱讀相關的活動,為了讓孩子感受閱讀的氛圍,就要多帶孩子去參加閱讀會、故事大賽、朗讀故事、繪本表演等。如此,不僅能豐富孩子的生活,還能讓孩子跟廣大閱讀愛好者零距離接觸。

第九章　重視閱讀，從優秀作品中汲取成長能量

第十章

給予自由,讓孩子能夠主動探索

第十章　給予自由，讓孩子能夠主動探索

孩子學會爬行或走路後，就會開始表現出對外面世界的好奇，探索世界、感受周圍事物的欲望越發強烈。孩子與父母形成良好的關係，孩子就能擁有心靈的避風港，慢慢地挑戰外面的世界。因此，要想激發孩子的內在動力，就要給孩子自由和支持，鼓勵和幫助孩子勇敢地探索世界；同時也要放開孩子的手，讓他們嘗試動手做一些事情，鍛鍊他們的自理和自立能力，為今後的成長打下基礎。

孩子到了3歲，如果條件允許，可以為孩子準備一個衣櫃，讓孩子整理自己的衣服；還可準備有釦子、拉鍊的衣服，讓孩子練習自己穿衣。

孩子到了4歲，要鼓勵他們嘗試繫鞋帶。父母可以將一條布帶拴在椅子的扶手上，讓孩子練習打結。

孩子到了五六歲，要引導他們更多地嘗試處理自己的事情，如洗小手帕、襪子，並協助父母做一些力所能及的事，如掃地、擦桌子等。

上了小學之後，孩子能做的事情就更多了。家長要放開孩子的手，讓孩子嘗試動手，找到樂趣。在嘗試的過程中，如果遇到了困難，要鼓勵他們積極應對，因為讓孩子適當地遭受一些挫折，不僅能訓練孩子處理問題的能力，還能讓孩子對未來更有信心，繼而變得勇敢，不輕易放棄。

案例分析：被父母「禁錮」的小玲

案例

在小玲的印象中，媽媽非常強勢。如今她雖然已經進入職場，但只要一說起媽媽，依然心中有很多不滿。

從出生開始，小玲所有人生中的重大決定幾乎都是父母做的，比如：讀什麼高中，上哪所大學，讀哪個科系……青少年時期的她雖然知道每一步都很重要，也跟媽媽抗爭過，但都無果，最終跟理想的科系失之交臂。

大學時，小玲是學校的風雲人物，很多老師和同學都說，她進入職場後肯定很厲害。

大四那年，小玲找到一個符合自己理想的科系的公司實習，感到無比開心。她打電話給父母分享自己的快樂，結果只得到媽媽的一句「為什麼不找相關科系的實習？」

跟媽媽講完電話後，小玲心裡難受得揪成一團。最終，拗不過，她只能按媽媽的意思回老家一所學校當了老師。回去後，她發現生活跟自己想的完全不一樣。她想辭職，媽媽不同意，說她腦子有問題。

小玲的媽媽說一不二，整天只知道指責丈夫和孩子。最後，爸爸和媽媽離婚了。

媽媽不停地埋怨她的父親。媽媽對小玲說得最多的話是：「妳不能這樣……妳應該那樣……妳可別像你爸那樣……」結

第十章 給予自由，讓孩子能夠主動探索

果，小玲也很難與人建立親密關係，遲遲不敢走入婚姻。

母親的控制讓小玲畫地為牢，她不敢自己做決定，不相信自己，對未來充滿了徬徨。

■ 分析

父母約束孩子確實都是為了孩子好。可是，孩子總有一天會長大，他們有自己的路要走，父母能管孩子一輩子嗎？在父母獲得自身控制感的同時，孩子會失去對自己的控制感。孩子的控制感太低，無論是人際關係，還是自身幸福感，都會變得不好。極低的幸福感指數會讓孩子拖拉、萎靡不振、習慣於放棄。這類孩子，哪來的內在動力？

父母對孩子的控制欲，往往是指父母在教育孩子時的絕對支配，不允許孩子在思想上和行為上出現違背父母的情況。有控制欲的父母可能並沒有意識到自己的問題，只是覺得自己所做的一切都是為了孩子，孩子懂事了就能夠明白父母的苦心。然而，父母期待的結局不一定能夠實現。

眾多案例告訴我們，父母的控制欲太強，孩子很容易出現以下幾種情況。

1. 沒有主見和想法，依賴性很強

父母喜歡用命令的語氣要求孩子，全然不顧他們的想法。從最初的想要反抗，到後來的被迫聽話，孩子已經沒有了自己的想法。因為他們知道，自己有沒有想法不重要，聽話就夠了。

時間久了，孩子會變得自卑，不願再開口。他們以父母的想法為主，依賴性很強，不會獨立思考。

2. 情緒固執且敏感，脾氣不太好

總是被父母管控，脾氣自然不會太好。被管控得太狠，孩子會變得敏感、固執，連自身的情緒都很難控制好。最初，孩子會把內心的憤怒壓抑在心底，一點都不願意傾訴。當孩子慢慢長大，有了自我反抗的能力，跟父母之間的較量才正式開始。到了那一刻，孩子內心所有的委屈和憤怒通通會爆發出來。

3. 沒有擔當，缺乏責任心

凡事都有父母善後，還需要孩子做什麼？他們充其量只是聽話的機器，父母說什麼，他們照做即可。這樣的孩子，看似幸福，實則缺乏擔當，喜歡推卸責任。最重要的是，孩子沒有責任心，不管做任何事情都會應付差事。

4. 對父母愛恨交織

每個人都知道父母是愛孩子的，不管是對孩子的訓斥還是說教，都是希望孩子的行為規範，不要誤入歧途。孩子也都明白這個道理，內心深處對父母是有愛意的。但是，如果父母的控制欲太強，孩子處於被操控的狀態，就容易感覺到自尊受損。這種傷害並不會隨著時間消失。孩子不知道如何面對父母，只能逃離，避免與父母溝通。

5. 慢慢變得憂鬱

孩子長期處於被控制的狀態，內心就會產生無力感和無助感，覺得無論自己怎麼反抗，都是徒勞的，進而覺得生活沒有意思，最終變得鬱鬱寡歡。孩子憂鬱了，做事就會缺少動力，得過且過。

其實，有時候孩子的需求很簡單，也無害。比如，孩子要多一點零用錢，有的父母會直接說「你只是學生，要那麼多錢做什麼」。這些小事情雖然微不足道，卻會為孩子帶來不愉快。如果孩子的每件小事情都必須由父母來做決定，父母就要想想了，自己是不是在潛意識裡就想控制孩子？

控制欲太強的父母都具備的基本特徵

對於父母來說，孩子是他們生命中很重要的人，有些父母甚至還會把曾經自己沒有實現的願望和遺憾「寄託」在孩子身上，以「愛」的名義，控制著孩子的身心。

下面這些場景，相信大家都不陌生。

孩子選了喜歡的玩具，卻被父母強制換成其他東西，因為父母認為那樣的玩具更有意義。

孩子喜歡粉色衣服，卻被父母要求換成藍色的款式，因為父母認為粉色不好看。

控制欲太強的父母都具備的基本特徵

孩子想要幫忙做家事，父母卻認為孩子什麼都做不好，應該把心思放在課業上。

孩子想要出去玩，父母萬般阻止，說外面太危險。

父母總是格外擔憂孩子，想要給他們更多的關愛。可是卻忽略了孩子的需求。與人相處，要掌握好邊界，和孩子相處，也是如此。

成長，本來就是學習和成長的過程。孩子在不斷長大，父母也應該不斷調整自己。小時候，孩子確實需要父母更多的關心；但隨著年齡增長，他們需要學會更多技能，父母應該慢慢放手。

控制欲太強的父母，無法教出優秀的孩子。那麼，控制欲太強的父母都具備怎樣的特徵呢？

一、喜歡對孩子說「我都是為了你好」

「我都是為了你好」是很多父母喜歡說的一句話。這句話使孩子的內心好像被什麼束縛著，很容易陷入負罪感，無法真正感受到快樂和輕鬆；有些孩子和父母的關係變得很緊張，因為他們覺得自己被父母「以愛的名義」控制著。

「聽我的，你穿這件衣服真的很醜，換成我說的那件出門。我說這麼多，還不都是為你好。」

第十章　給予自由，讓孩子能夠主動探索

「你不要選中文系，將來不好找工作，還是學資訊類吧。我現在這麼做都是為你好。」

「快去報名公務員考試，等畢業了就可以進公家單位，多穩定。我這麼說都是為你好。」

「我都是為你好」，這句充滿「愛意」的表達，是親子關係越來越疏遠的「強心針」。有的孩子說，他最不願意聽到父母說這句話，會感到窒息。

孩子違背了父母的心意，家長會苦口婆心地說「我都是為了你好」。這句話堪稱是控制孩子的魔法棒。你不聽我的？可我是為了你好，不聽你會吃大虧；怪我管得多？可我是為了你好，為你好也有錯？當付出變成了「道德綁架」，當愛變成了「為你好」的口號，當給予變成了一種經濟控制手段，父母的行為和語言就會在孩子的心裡劃下一道道傷痕。

相信大部分父母的初衷都是希望成為一個好家長，可遺憾的是，他們不知道應該怎樣做。父母在控制孩子的願望背後，其實是為了實現自己的願望：我想成為一個好家長。這種愛看起來無私，其實只是為了滿足父母自己的願望，源於自身的局限。

被情感操縱的孩子會怎樣？如表 10-1 所示：

控制欲太強的父母都具備的基本特徵

表 10-1　孩子被情感操縱的後果

結果	說明
增加惰性	父母過度干涉孩子，孩子缺少獨立的空間，凡事靠父母，惰性會被無限放大，遇到困難，第一時間想到的不是如何解決，而是回頭看看依然站在身後的父母
產生焦慮、憂鬱等情緒	新加坡大學的六位學者追蹤了約300位孩子與他們的家長。研究顯示，當家長對孩子的控制與干涉程度越高時，小孩越容易出現過度自我批判、焦慮等情緒以及憂鬱傾向
孩子不自立	獨立性要經歷一個循序漸進的過程，父母對孩子的控制太多，孩子就不知道那些事可以獨立面對和解決，繼而對父母產生依賴性
孩子以自我為中心	孩子不管有什麼需求，只要張口，就能得到滿足，這對孩子的成長並沒有好處。孩子會以自我為中心，不尊重他人，性格出現問題，在未來的成長之路上，多辦都要吃很多苦

二、控制欲強的父母，凡事喜歡親力親為

有個二年級的小孩做錯了一道題目，老師提醒孩子：「這次做錯沒關係，但是這樣的錯我們以後不能犯了。」孩子看著老師，很委屈地說：「都怪我媽媽，非說我的答案是錯誤的，非要叫我改。」

原來，孩子做完了作業，媽媽幫他檢查，認為他寫錯了，孩子也不加思考，就按照媽媽說的改了。

第十章　給予自由，讓孩子能夠主動探索

究竟是什麼原因讓孩子變得越來越沒有責任心了？是父母的親力親為，讓孩子習慣了父母的幫忙，甚至有的孩子認為父母所做的一切都理所當然。

身為父母，不應該為孩子解決難題，有應該和孩子一起面對難題，慢慢地教孩子學會自己解決難題。孩子在學校裡遇到的是學業問題，長大後需要解決的是生活難題。孩子不知道如何面對問題和解決問題，父母事事都親力親為，以後孩子在獨自面對生活難題的時候只能束手無策。

三、控制欲強的父母喜歡控制孩子的交友和生活

1. 控制孩子交友

控制型的父母喜歡限制孩子交友，認為成績好的孩子就是好孩子，成績不好的孩子就是壞孩子。其實，孩子會根據自己的價值觀選擇朋友，父母不需要控制孩子的交友。

2. 強硬對待不聽話的孩子

孩子只要不聽話，父母就採取冷暴力，讓孩子處於自己的控制範圍內；有些家長為了讓孩子永遠聽自己的，會控制孩子的經濟來源。

3. 不讓孩子出門

有些家長只讓孩子在家裡學習，不讓孩子出門。孩子無法釋放自己的天性，就會變得平庸。

家長的這種控制不僅會影響孩子的心理,還會對孩子的性格造成嚴重影響,甚至影響孩子長大後的社交關係。那麼,為什麼父母對孩子有著超強的控制欲?

1. 父母幼年經歷的影響

多數父母小時候接受的家庭教育方式比較傳統,他們更易受到老一輩人的控制。受這種氛圍的影響,之前的教育理念就會延續到他們身上,他們不可避免地就會使用一些舊有的育兒方法,比如:控制孩子的言行,讓孩子按照自己的要求做事。

2. 對於親子關係的認知不足

很多父母之所以想控制孩子,是因為在他們心中,孩子是自己的,就應該聽話。他們忽視了孩子作為一個個體的獨特性,覺得孩子是自己生的,只能聽自己的。

3. 父母在孩子身上寄予太多期待

父母對孩子有很高的期望,希望孩子能夠被眾人仰望,希望孩子有使自己驕傲的成就,出於這方面的考慮,很多家長往往會把自己的意願強加在孩子身上。

4. 父母認為自己可以隨意對待孩子

多數父母認為孩子是自己的,自己想怎麼對待孩子就怎麼對待孩子,完全沒將孩子當成獨立的個體,反而認為自己是父母,擁有特權,一味控制孩子,並認為自己的做法是愛孩子的表現。

第十章　給予自由，讓孩子能夠主動探索

不關注孩子的感受，只想控制孩子的生活，很容易引起孩子的叛逆，不僅不利於親子關係，還會對孩子的成長產生阻力。

5. 父母沒有自己的事業規劃

從孩子出生那一刻起，有的家長就放棄了自己的一切，將所有的期望寄託在孩子身上。他們沒有自己的事業心，一心希望孩子出人頭地，讓孩子成為自己驕傲的資本。他們將自己的所有精力都放在孩子身上，無法接受孩子的失敗，往往會試圖控制孩子，希望孩子朝著自己指引的方向前進。

6. 父母不信任孩子

有些父母對孩子太過溺愛，包辦孩子應該做的事情，讓孩子失去了訓練的機會，缺少相關經驗。如果讓孩子獨自去做事，他們又擔心孩子會做不來，繼而演變成對孩子的不信任，不相信孩子能夠獨自完成事情。

7. 父母過於自負

在控制欲強的父母中，有些人擁有高學歷、高成就和較高的社會地位。在教育孩子的時候，他們過於相信自己的能力，也過於相信自己孩子的能力。

8. 父母缺乏安全感

有些父母比較謹慎，對於孩子的教育追求完美，但是總對孩子過於擔心、總想控制孩子，覺得只有孩子按照自己的要求

去做,孩子才能做得好、才能做得到、才能少走些彎路、才能順利成長。

放手的 4 個工具:示範、理解、接納、提示

從心理角度來說,控制欲是一個人對他人、他事在一定程度上的絕對支配。每個人或多或少都會有些控制欲,可以在生活中獲得滿足感和可支配感。

適當的控制欲是正常的,然而,控制欲過強,對孩子就是一種傷害。在控制欲強的父母眼中,孩子更像可以任自己操控的工具。為了將孩子拉回自己的軌道中,就要學會使用四個工具:示範、理解、接納和提示。

一、示範

為大家講一個蒙特梭利(Maria Montessori)女士的小故事。

某天,蒙特梭利女士在一群孩子面前示範如何擤鼻涕。她邊說邊慢慢地攤開手帕、搗住鼻子,按部就班地示範一連串擤鼻涕動作。從頭到尾,孩子們都一直緊盯著她看。

做完整個動作後,孩子們報以熱烈的掌聲,她感到驚訝不已,問自己:我只是在示範擤鼻涕的動作給他們看而已,孩子們為什麼要鼓掌?

第十章　給予自由，讓孩子能夠主動探索

這件事之後，蒙特梭利女士透過研究終於找到了原因。孩子們之所以會鼓掌，是因為他們曾經因為流鼻涕而被責罵，甚至被大人強行擤鼻涕。所以，當他們看到蒙特梭利女士簡單易懂的示範，知道「我也可以自己擤鼻涕」的時候，內心因為歡喜而給予掌聲。

「做給他看」似乎很難，其實是件再簡單不過的事情了，只要掌握以下幾點即可。

（1）鎖定一個孩子想做的事情或活動。

（2）將完成該活動的步驟進行分解。

（3）選出必要的部分，慢慢地、清楚地排好順序。

（4）當著孩子的面，把這個動作示範給他看。不說話，默默地做，將說明與動作分開進行。

（5）示範完畢後，簡單用幾句話說明。

教孩子做飯，一個字也不說，完全用手表演。挑菜、洗菜、切菜、翻炒、包餃子；下花椒、八角、陳皮、米酒、醬油、醋，全都可以在「不言中」教給孩子。

為了讓孩子養成好的學習習慣，也可以用類似的方法，將學習方法教給孩子。

使用草稿紙。拿過一道題目，然後再拿出草稿紙和筆。自己一步一步做，審題，轉移，在草稿紙上嘗試解答，謄寫答案，檢查。整個過程，可以一句話不說。

家長做動作,讓孩子在旁邊看著,進行模仿。如果自己用手做不來,也就沒必要要求孩子做到了。你是大人都做不到,孩子更做不到了。

二、理解

週末,駕訓班人很多,詩敏和朋友一起來學開車。

在等待的空隙,詩敏向四周看看,發現在操場的邊上有個小男孩蹲在地上玩小石子,離他不遠的地方,一位年輕人陪著妻子練車,顯然這是一家三口。

詩敏走過去問男孩:「小朋友,你叫什麼名字啊。」男孩看了詩敏一眼,沒有理會,繼續玩他的石頭。

朋友默默地觀察了一陣子,慢慢地走向男孩,蹲下來撿起一塊石頭,問:「小朋友,你知道這是什麼形狀嗎?」男孩一開始不理她,自己玩自己的。

朋友沒有氣餒,繼續說:「我看你手裡的這塊石頭好像是橢圓形的耶。」男孩沒聽說過橢圓形,脫口而出:「不是,這是圓的。」然後,朋友就蹲下來,用小孩的口吻和他交流,片刻之後,男孩就和她熟絡起來。

朋友問男孩叫什麼名字,問了幾遍他都不說。之後,朋友改換了一種方式,說:「那讓我來猜猜你叫什麼,好不好?如果阿姨猜三次都沒猜對,你就告訴阿姨怎麼樣?」

男孩似乎覺得遊戲好玩,就欣然答應。結果不出所料,阿姨連猜三次都錯了,最後男孩把自己的名字說了出來。

目睹了這一過程,詩敏忽然明白了,原來只要大人理解孩子,和他做朋友,就能與他建立連結。

不要用指責、挑剔的眼光看待孩子。孩子不可避免地會犯錯,父母的要求太高,每次孩子見到他們總會神經緊繃,非常緊張。用這種教育方式培養的孩子,要麼只會順著父母的想法去做;要麼就是表面上聽話,內心非常叛逆。

父母要理解孩子,站在孩子的角度思考問題。一開始孩子可能不敢向父母訴說內心的想法,慢慢地,等他們願意敞開心扉的時候,再進行引導。比如,可以講一個富有深意的小故事給孩子聽,或對孩子講述自己的人生經歷。如此,孩子就能自然而然地意識到自己的問題,也樂意接受父母的教導。

父母咄咄逼人的態度、沒有溫情的言語、控制一切的行為和自以為是的判斷,都會對孩子幼小的心靈造成傷害。心靈受到傷害的孩子,長大以後,也很難站在別人的角度理解他人。

三、接納

很多大人看到孩子哭鬧,就覺得孩子不聽話,其實「哭鬧」只是孩子的一種表達方式,在他不知道如何描述、如何表達、如何解決眼前問題的時候,只能靠哭鬧引起大人的注意。

父母接納孩子的哭鬧，孩子就會相信：父母理解他們的內心世界。

接納的本質不是認同而是允許，父母可以從三點開始做。

1. 正視孩子的差異和獨特性

家裡的兩個孩子在性格上有很大的差異。比如，收拾玩具這件事，女兒規則感強，拿玩具時，都會遵循收起一個再玩另一個的規則，即使多拿了幾個玩具，最後也能把所有的玩具放回原位。兒子最喜歡的玩具是車，他喜歡把所有的玩具車擺放一地，進行比賽，收拾玩具時會以「我好累啊，動不了了」耍賴，讓別人幫忙。為了這個問題，母親與兒子多次發生爭執，但依然無法改變他。母親陷入憤怒中。

在妥協中，母親發現，兒子是因為玩具太多，一地的凌亂讓他害怕收拾的困難，只要陪著他一起，他就會一邊哼哼唱唱，一邊迅速地把所有的玩具放回玩具櫃。在收拾玩具的過程中他也會因為媽媽的體諒與陪伴而感到開心。

每個孩子都是獨特的，用統一的標準要求孩子時，親子關係就會變得很有挑戰性。孩子不是在壓抑中服從父母，就是在對抗中自我挫敗。

父母只有放下自己的要求，才能看到孩子的需求，為孩子提供有效的幫助。

2. 接納犯錯的孩子

當孩子出現問題行為時，比如打架、逃學、偷東西、撒謊等，家長會焦慮，覺得這些都是壞孩子的所為。

（1）要了解什麼是壞行為，如撒謊、不聽話、叛逆等，不能草率地貼上壞的標籤。這些行為裡往往隱含著孩子自我意識的覺醒、自我需求的表達，家長要認真聆聽孩子的聲音。

（2）孩子出現攻擊性、破壞性行為時，要把「壞行為」與「壞小孩」分開來看。如果孩子的某種行為不對，可以糾正孩子的行為，但不要指責孩子的人品。

3. 接納孩子的感受

父母希望自己的孩子勇敢堅強、陽光活潑，在孩子性格發展上往往有很多要求。比如，面對挫折要堅強；面對困難要勇往直前；為人處世要彬彬有禮，落落大方……

父母禁止孩子跌倒時哭泣、擔心孩子遇到挫折時落寞、排斥孩子的靦腆害羞……帶著這些標準審視孩子的行為，就無法做到接納，只有指責。

四、提示

家長給予的提示要盡量得當，將孩子的依賴性降到最低。提示的類型如表 10-2 所示。

在運用這三步提示的時候，家長需要注意以下幾點。

(1) 如果孩子沒辦法一下子理解太多資訊，家長要多次重複指令。但是，在沒有身體提示的情況下，不要多次重複發出指令，否則可能會讓孩子產生無須聽從你指令的誤解。

(2) 如果想教導孩子新的詞彙，可以在發出語言指令的同時，運用身體提示和視覺提示，幫助孩子理解新詞彙的意思。

(3) 如果孩子聽從了指令，那麼不論孩子是獨立完成的，還是在幫助下完成的，家長都要對孩子及時進行正面強化。

表 10-2　提示的類型

類型	說明
身體提示	這種提示的方式最直接，對孩子的支持性最強。家長引導孩子的身體動作，幫助他們聽從指令，做出回應。如，家長說「穿上鞋子」，然後抓起孩子的手，把鞋子遞給他，幫助孩子把鞋子穿起來。身體提示的方式，適合一些無法聽從口頭指令的孩子
視覺提示	在家長向孩子發出一個指令後，用指示的手勢或動作為孩子作出相關提示。如，家長說「拿起你的杯子」，同時用手指向桌子上的杯子；如果孩子依然不拿杯子，家長可以走過去拿起孩子的杯子，並再說一次「拿起你的杯子」。然後，與孩子進行眼神的交流，確定孩子明白了這個語言指令的意思。相較於單純的語言提示，視覺提示更容易被孩子理解

第十章　給予自由，讓孩子能夠主動探索

類型	說明
語言指令	如果孩子能透過視覺提示聽從指令，家長就要盡量引導孩子，使孩子只根據語言提示就能聽從指令。語言指令含有一步驟指令和兩步驟指令和多步驟指令之分。比如，「穿上鞋子」是一步驟指令，「穿上鞋子，拿起外套」是兩步驟指令。在進行語言指令時，要盡量根據孩子的實際語言能力進行指令的選擇，家長要盡量選擇孩子能夠理解的字和詞語

後記

　　從本質上來說，內在動力是一種從心底產生的力量。藉助這種力量，孩子就能將自己當作一個獨立的個體，主動做事，勤奮努力，勇於面對困難，不會退縮……孩子的主動性增強，做事效率就更高，更容易取得好成績。

　　社會不斷向前發展，離不開年輕一代的共同努力，如果我們的孩子都「擺爛」了，對社會和國家將是一場巨大的災難。

　　看到自己成績差，努力一陣之後，無法提升，孩子就放棄；

　　看到自己體育成績達不到標準，練習了一段時間後，依然無法提升，孩子就不再練習；

　　事情太難，努力了，依然無法完成，孩子就果斷放棄；

　　沒人願意跟自己玩，孩子就果斷拒絕了周圍所有的人；

　　……

　　孩子習慣了放棄，未來將會怎樣？想讓孩子拒絕平庸，努力向前，關鍵是喚醒他們的內在動力。

　　無論是知識教育，還是品格教育，都要從喚醒孩子的內在動力開始！因為，只有自我驅動強的孩子，學習效果才好，才能在短時間裡吸收更多的知識；只有具備內在動力的孩子，才會為了夢想而努力。

後記

學習，從喚醒孩子的內在動力開始！

運動，從喚醒孩子的內在動力開始！

閱讀，從喚醒孩子的內在動力開始！

交友，從喚醒孩子的內在動力開始！

有了內在動力，也就有了一切！

國家圖書館出版品預行編目資料

優秀不是逼出來的！孩子的大腦也有「燃點」：以內在動機取代外部強迫！從依賴到自律，打造孩子的終身成長力 / 陳金平著 . -- 第一版 . -- 臺北市：沐燁文化事業有限公司, 2025.05
面；　公分
POD 版
原簡體版題名：喚醒孩子的內驅力
ISBN 978-626-7708-23-1(平裝)

1.CST: 親職教育 2.CST: 子女教育
528.2　　114005370

電子書購買

爽讀 APP

臉書

優秀不是逼出來的！孩子的大腦也有「燃點」：以內在動機取代外部強迫！從依賴到自律，打造孩子的終身成長力

作　　　者：陳金平
發　行　人：黃振庭
出　版　者：沐燁文化事業有限公司
發　行　者：崧燁文化事業有限公司
E - m a i l：sonbookservice@gmail.com
粉　絲　頁：https://www.facebook.com/sonbookss/
網　　　址：https://sonbook.net/
地　　　址：台北市中正區重慶南路一段 61 號 8 樓
Rm. 815, 8F., No.61, Sec. 1, Chongqing S. Rd., Zhongzheng Dist., Taipei City 100, Taiwan
電　　　話：(02) 2370-3310　　傳　　真：(02) 2388-1990
印　　　刷：京峯數位服務有限公司
律師顧問：廣華律師事務所 張珮琦律師

-版權聲明

原著書名《喚醒孩子的內驅力》。本作品中文繁體字版由清華大學出版社有限公司授權台灣沐燁文化事業有限公司出版發行。
未經書面許可，不得複製、發行。

定　　　價：299 元
發行日期：2025 年 05 月第一版
◎本書以 POD 印製